Verena Ullmann

Die Papageieninsel

Verena Ullmann

Die Papageieninsel

oder Von der Kunst,
sich selbst zu finden

Roman

Diederichs

1

Hannah hasste es zu warten. Zwischen fremden Menschen herumzustehen. Die hektischen Finger an den Oberschenkeln, den nächsten Schritt im Kopf. Sie sah den Koffern zu, die nacheinander auf das Fließband knallten. Sie hatte den besten Platz erwischt. Hinter ihr schepperten Gepäckwagen suchend über gesprungene Fliesen. Es war ein kleiner Flughafen mit kurzen Wegen. Der Ausgang war vorne rechts ausgeschildert: *Exit*, in einen Leuchtkasten gesperrt mit Schmutz hinter den Buchstaben. Dort müsste sie jemand von CHL abholen. Das hoffte sie zumindest. Denn sie hatte keine Ahnung, wie sie von dort zur Firma finden sollte. Auf die Fortbildung war sie gespannt, aber hätte sie die nicht in Berlin machen können, wo auch ihr zukünftiger Arbeitsplatz sein würde? Sie war gerade erst umgezogen und hatte noch nicht einmal ihre

Kartons auspacken können. Dabei wollte sie endlich ankommen und sich einleben. Ihr Stadtviertel entdecken, ein neues Lieblingscafé finden und sich einen neuen Freundeskreis aufbauen. Ohne den Gedanken im Hinterkopf, dass sie in ein, zwei Jahren wieder alle Zelte abbrechen müsste. Von Zwischenstationen hatte sie genug. Endlich konnte sie langfristig planen. Eine Flugreise war das Letzte gewesen, wonach ihr der Sinn stand. Die Personalerin am Telefon hatte sie letzte Woche völlig überrumpelt: »Für die Einarbeitungsphase haben wir Sie der Inselniederlassung zugeordnet«, hatte sie gesagt und ihr dann das Flugticket zugemailt. Weder von der Insel noch von diesem Flughafen hatte Hannah jemals etwas gehört. Auf der Firmenhomepage waren keinerlei Informationen über diesen Standort zu finden gewesen, was sie nun noch mehr beunruhigte. Sie fühlte sich an ihrem ersten Arbeitstag wie ins kalte Wasser geworfen und konnte nicht einmal die Wartezeit nutzen, um sich vorzubereiten. Sie checkte wiederholt ihr Smartphone, rief die E-Mails ab, aber es wurden keinerlei Benachrichtigungen angezeigt. Vielleicht hatte sie auch keinen Empfang. Ein Mann mit penetrantem Aftershave drängte sich neben sie ans Fließband. Hannah spannte die Arme an, um ihren Platz zu sichern. Aber der Mann, der viel größer und breiter war als sie, wich nicht zurück. Ihr Koffer rutschte aus der Luke, sie stürzte sich auf das Hartschalenungetüm, der Mann ebenso. Mit seinen kräftigen Fingern hob er ihn vom Fließband und stellte ihn vor sich ab. »Sorry, Miss. That's mine«, sagte er, lächelte und zeigte ihr das Adressschild. Hannahs Name stand nicht darauf. Bevor sie ihre Kiefer lockern und eine Entschuldigung murmeln konnte, war der Mann mit ihrem Kofferdoppelgänger schon auf dem Weg zum Ausgang. Als sie ihm hinterherblickte, sah sie, dass auf seiner Schulter ein riesiger grüner Papagei saß.

* * *

Hannah steckt das Smartphone zurück in die Tasche und setzt sich hin. Sie versucht, sich zu entspannen, ertappt sich aber dabei, wie sie die Haut um ihre Fingernägel abzupft. Lass es, befiehlt sie sich und versteckt ihre Hände zwischen ihren Oberschenkeln. Seit fünf Minuten drehen vor ihr dieselben paar Gepäckstücke ihre Runden, wie die Gedanken in ihrem Kopf. Gedanken an die letzten Wochen. Die Probleme mit der Kündigungsfrist. Überstunden. Projektübergaben. Schwierige Kunden. Diskussionen. Überstunden. Permanenter Schlafmangel. Projektübergaben. Schwierige Kunden. Und dann noch der Umzug. Es kann nur besser werden, nicht wahr? Ein weiterer unnötiger Blick auf ihren Touchscreen. Nach und nach werden die Gepäckstücke vom Band gehoben. Ein Schwung neuer kommt hinzu. Ein Rucksack vollgestopft mit Fragen. Sollte ich jetzt nicht glücklich sein? Hab ich jetzt nicht endlich die Stelle bei CHL, von der ich immer träumte? Auf die ich jahrelang hingearbeitet habe? Aber viel Freude ist da nicht. Eine Tasche voll Angst wird heraufbefördert, die gegen das Metall donnert. Schwarze Koffer ziehen vorüber. Ich muss einen guten ersten Eindruck machen. Ich darf die Fehler vom letzten Mal nicht wiederholen, mich nicht so im Hintergrund halten. Ich muss Kontakte zu den richtigen Leuten knüpfen, schreibt Hannah auf ihre innere To-do-Liste. Dass sie mich genommen haben, heißt noch gar nichts. Ich muss was daraus machen. Ich werde das Beste daraus machen, dieses Mal und gleich die Fortbildung voll ausnutzen. Zwei Reisetaschen fallen von der Luke aufs Band. Aber glaubt man nicht immer, dass beim nächsten Mal alles besser wird? Aber warum glaubt man das? Und wie soll das gehen? Wenn man doch immer noch dieselbe ist … Die Haut an ihrem linken kleinen Finger brennt ein wenig. Ich werde an mir arbeiten müssen, in jeder Hinsicht, stellt Hannah fest und dann leider auch, dass keine weiteren Koffer mehr aus der Luke fallen.

***

»Was kann ich für Sie tun?« Die Frau mit dem gestreiften Halstuch lächelte, als wüsste sie nicht, dass die Leute meistens nur an ihren Schalter kamen, um sich zu beschweren.

Hannah legte ihr Flugticket vor.

»Mein Koffer war eben nicht dabei.« Sie fixierte die Frau, die einen kurzen Blick auf ihr Ticket warf, etwas in ihren Computer eintippte und dabei weiterlächelte, als hätte sie noch immer nicht begriffen, dass es ein Problem gab.

»Das tut uns sehr leid. Ich bin mir sicher, dass wir Ihren Koffer schnell finden werden. Und dann lassen wir ihn sofort zu Ihrer Unterkunft bringen. Tragen Sie hier bitte Ihren Namen, Ihre Kontaktdaten und die Adresse Ihrer Unterkunft ein.«

Hannah zögerte, das Formular entgegenzunehmen.

»Was heißt ›schnell‹?«, fragte sie. »Wissen Sie, ich brauche den Koffer wirklich dringend!«

»In spätestens ein bis zwei Tagen haben Sie ihn zurück. Das kann ich Ihnen versichern.«

Ein bis zwei Tage. Hannahs Magen zog sich zusammen. Sie drehte sich um, um für kurze Zeit das Lächeln der Servicekraft aus dem Blickfeld verschwinden zu lassen. Sie atmete ein, ohne dass wirklich Luft in ihre Lunge kam. Ein bis zwei Tage ohne alles! Sie wandte sich wieder der Frau zu.

»Und wo … wo ist mein Koffer jetzt? Ich meine,

ich habe ihn in Berlin aufgegeben … die Koffer der anderen Passagiere sind doch auch hier angekommen … wie kann das sein?«

»Es tut uns sehr leid. Wir werden uns darum kümmern.« Mit ihren manikürten Fingern schob sie Hannah noch einmal das Formular entgegen. Hannah presste ausgefranste Großbuchstaben und Ziffern in die Kästchen. Der Kugelschreiber schmierte. Natürlich schmierte er! Nichts in diesem Flughafen funktionierte, dachte Hannah und knallte den Stift auf die Theke. Aber die Anspannung verschwand nicht, sondern wurde größer. Plötzlich schämte sie sich ein wenig. Die Frau am Schalter machte schließlich nur ihren Job. Sie konnte nichts dafür, dass Hannah auf diese Insel musste. »Tut mir leid. Vielen Dank«, sagte Hannah, steckte ihr Ticket zurück in ihre Handtasche und ging.

* * *

Ihr Koffer. Eine ehemalige Kollegin hatte ihr das Modell empfohlen. Groß, aber leicht zu schieben. Sie hatte Stunden gebraucht, ihn zu packen. An der Gardinenstange hatte sie ihre Blusen aufgereiht. Die bewährten, eher unscheinbaren, die sich gut kombinieren ließen, neben den extravaganteren, die sie letzte Woche erst bestellt hatte. Die Seidenbluse war für den ersten Arbeitstag reserviert. Nur die, mit langen

Ärmeln? Die Büros würden sicher klimatisiert sein, überlegte sie. Freizeitkleidung würde sie nicht brauchen. Zwei Wochen sind nicht viel. Trotzdem: Lieber zu viele Blazer als zu wenige. Sie wollte nicht den Anschein erwecken, als würde sie nur einen besitzen. Brauchte sie das Reisebügeleisen? Die Schuhe nahmen so viel Platz weg. Die Stilettos stellte sie wieder in den Schrank. Zu aggressiv. Die neuen Pumps aus Mailand mussten auf jeden Fall mit. Bei den Ballerinas zögerte sie wieder. Sie waren unglaublich bequem, aber schon ausgetreten. Nein, sie durfte gar nicht erst in die Versuchung kommen, sich damit zu zeigen. Laptoptasche und Kosmetiktasche standen bereit. Ionen-Föhn und Paddel-Bürste. Gürtel, Armbanduhr, Ohrringe und Halskette. Eine in Gold. Die in Silber auch? Sie musste sich die neuen Pumps noch einmal ansehen. Brauchte sie eine Sonnenbrille oder sah das zu sehr nach Urlaub aus? Vielleicht, wenn im Handgepäck noch Platz war. Sie schrieb, um den Gedanken loszuwerden »Sonnenbrille? Regenschirm?« auf den Zettel, der auf dem Esszimmertisch lag:

Ladegerät!
Müll raus
Schlüssel

* * *

»HANNAH KAHL, CHL«. Das Schild mit ihrem Namen war nicht zu übersehen, gehalten von einer Frau um die Fünfzig. Hannah straffte ihre Schultern, hob den Kopf. Es ging los. Ihr Lächeln fühlte sich an, als wäre es von der Angestellten der Fluglinie auf sie übergesprungen. »Guten Tag, Frau Kahl! Ich bin Frau Bergé-Patt von CHL. Hatten Sie einen guten Flug? Ja? Folgen Sie mir!« Hannah musterte ihr maßgeschneidertes Kostüm und den energischen, federnden Gang. Wahrscheinlich gehörte sie zu den bewundernswerten Menschen, deren ruhige Hände immer wussten, wo ihr Platz war. Hände, die nicht herabhingen, sich ständig umentschieden oder etwas zum Festhalten brauchten. Vielleicht war sie ihre neue Vorgesetzte, die sie hier höchstpersönlich abholte, dachte Hannah. Sie spürte, wie die Ränder ihrer neuen Lederpumps auf der Haut scheuerten. Ihre Füße fühlten sich nach dem Flug geschwollen und klebrig an. Dazu der unebene Fliesenboden des Terminals. Sie biss die Zähne zusammen und versuchte, Schritt zu halten. »Entschuldigen Sie, Frau Bergé-Patt, dass ich so spät dran bin, aber es gab ein Problem mit meinem Koffer. Ich müsste vielleicht noch ein paar Dinge besorgen und ...« Frau Bergé-Patt wandte sich zu ihr um und lächelte. Auf ihren Wangen zeichneten sich kleine Grübchen ab. »Machen Sie sich keine Gedanken, Frau Kahl, das passiert hier immer wieder! Spätestens in zwei Tagen ist Ihr Koffer wieder da, und in der Zwischenzeit versorgen wir Sie mit allem, was Sie brauchen«, sagte sie mit einer Bestimmtheit, die Hannahs Zweifel in Luft auflösten. Hannah kannte diese Frau nur ein paar Sekunden und verspürte schon den Wunsch, ein wenig wie sie zu sein.

Draußen waren es fünfunddreißig Grad. Die heiße Luft flimmerte. Hannah zog ihren Blazer aus, bevor sie in das Auto stieg. Ein alter Ford Fiesta. Frau Bergé-Patt strich über das Lenkrad, warf die Plastikflaschen, die vor dem Beifahrersitz lagen, nach hinten zu den übrigen, die den Fußraum der Rücksitzbank füllten. Am Innenspiegel baumelte ein Anhänger aus zerrupften roten Federn. »In fünf Minuten sind wir schon auf der Fähre, und die Überfahrt dauert dann noch einmal zwanzig Minuten«, erklärte sie. Hannah spürte, wie sich Schweißtropfen an ihrem Haaransatz bildeten. Die Lüftung war auf ihrer Seite kaputt. Entlang des Flughafengebäudes standen blank polierte Taxis, die bestimmt eine funktionierende Klimaanlage hatten. »Freuen Sie sich schon auf die kommenden sechs Monate?«, fragte die Fahrerin. »Sechs Monate? Nein, also ich bin nur zwei Wochen hier. Für die Einarbeitung«, erklärte Hannah.

»Ach ja? Als was haben Sie sich denn beworben?«

»Junior Consultant«, erwiderte Hannah, und Frau Bergé-Patt lachte unerwartet laut. »Das sagen sie alle.« Darauf wusste Hannah nichts zu antworten. Sie betrachtete die vertrockneten Sträucher, die an ihrem Fenster vorbeizogen. Wenn es ein Witz gewesen sein sollte, fand sie ihn nicht lustig. Sie hatte lange gebraucht, um eine neue Stelle zu finden, die ihr langfristig eine Perspektive bot. Dass es dann tatsächlich CHL in Berlin geworden war, hatte sie erst einmal verdauen müssen. Ihre Schwester war unglaublich stolz auf sie gewesen, als sie es erfahren hatte, und die Neuigkeit sofort sämtlichen Verwandten und Bekannten erzählt. »Jetzt hast du es endlich geschafft!«, hatte sie gesagt.

Aber kaum hatte Hannah den Arbeitsvertrag unterschrieben, kamen ihr die ersten Zweifel. War es wirklich das, was sie wollte? War sie den Anforderungen überhaupt gewachsen?

Jetzt, in diesem stickigen, zugemüllten Ford Fiesta, mit den ersten scheinbar unbedachten Worten, die aus Frau Bergé-Patts Mund kamen, war Hannah fast ein bisschen erleichtert, dass nicht nur sie selbst unzureichend vorbereitet war. Zwei Wochen, hatte die Frau aus der Personalabteilung gesagt, da war sie sich sicher.

Sobald sie auf der Fähre geparkt hatten, stieg Hannah aus dem Auto, stellte sich an die Reling und atmete die Meeresluft ein, die ihr die verschwitzten Haare über die Schultern wehte. Frau Bergé-Patt tat es ihr gleich. Für einen kurzen Augenblick vergaß Hannah, warum sie hier war und dass sie eigentlich gar nicht hier sein wollte. Sie betrachtete die Wellen, die an der Fähre vorbeizogen.

»Wie lange arbeiten Sie schon bei CHL?«, fragte Hannah Frau Bergé-Patt.

»Bald zehn Jahre.«

»In welchen Niederlassungen waren Sie? Auch in Berlin?«

»Um Gottes willen, nein! Ich war von Anfang an hier auf der Insel, und hier werde ich auch bis zur Rente bleiben. Falls ich überhaupt jemals in Rente gehe.« Kleine Lachfältchen bildeten sich um ihre Augen.

Dann war sie wohl tatsächlich für die Einarbeitung zuständig, folgerte Hannah. Oder war sie im Personalwesen tätig? Sie traute sich nicht, danach zu fragen. Vielleicht hatte sie es am Flughafen erwähnt, und Hannah hatte es überhört, weil sie sich darauf konzentriert hatte, ihren eigenen Namen zu sagen und sich den umständlichen von Frau Bergé-Patt zu merken.

Dann kramte Frau Bergé-Patt ein kleines Notizbuch aus der Innentasche ihres Jacketts, in dem sie furchtbar schwitzen musste.

»Was frühstücken Sie gerne?«, fragte sie Hannah »Dann nehme ich gleich die Bestellung auf.«

»Die Bestellung?«

»Ja. Kaffee oder Tee? Orangensaft? Belegte Brote? Süß oder herzhaft? Müsli mit Milch oder Joghurt? Obst haben wir natürlich auch. Oder ein Ei? Ich muss doch wissen, was ich Ihnen morgen ans Bett bringen soll!«

Hannah versuchte, ihre Irritation mit einem Lächeln zu überspielen.

»O. k. Also ich hätte gerne einen Kaffee, schwarz, mit Zucker. Ein Brötchen mit Butter und Marmelade. Und einen Apfel.«

»In Ordnung«, sagte Frau Bergé-Patt und notierte es in ihrem Büchlein. »Wenn Sie mal etwas anderes möchten, brauche ich das schriftlich von Ihnen. Ach, ich hatte Ihnen meine Karte noch nicht gegeben. Das tut mir leid!«

Sie zog eine Visitenkarte zwischen den Seiten des Notizbuches hervor und überreichte sie Hannah:

Heidrun Bergé-Patt
Frühstücksservice und Fahrdienst
CHL GmbH

»Oh, Danke schön! Eine ungewöhnliche Kombination ...«, rutschte es Hannah heraus.

»Finden Sie?« Frau Bergé-Patt sah sie erstaunt

an. »Vor dem Frühstück fährt doch niemand irgendwohin, oder?«

»Nein, also so hab ich das noch gar nicht betrachtet«, ruderte Hannah zurück.

War das ihr Ernst? Oder ein seltsamer Scherz mit falschen Visitenkarten, um Neuankömmlinge zu veräppeln? Aber warum sollte sie das tun? Hannah beschloss, eine höfliche Distanz zu Frau Bergé-Patt zu wahren. Sobald man ihr auf der Insel ihre neuen Kollegen vorstellen wird, würde sie bestimmt schnell Anschluss finden.

Frau Bergé-Patt lehnte sich gegen die Reling und blätterte in ihrem Notizbuch.

Charly:
Kaffee, Milch, Zucker
Rührei, 2 Toast, Butter
Ab 6:30 Uhr

Clarissa:
~~Grüner Tee~~ Cappuccino, Zucker
Müsli (klassisch), ~~Joghurt (natur)~~ Milch
kleiner Obstsalat
Ab 8:30 Uhr

Hatte ihr Clarissa nicht noch einmal geschrieben, wegen der Milch?

(fettarm)

ergänzte sie in Klammern.

Sie drehte das Notizbuch und schlug es von hinten auf.

Hannah: 2

schrieb sie in die nächste Zeile. Zwei Monate könnte die Neue durchhalten, wenn überhaupt. Länger als Lena wahrscheinlich. Nicht so lange wie dieser Sven oder Clarissa, davon war Frau Bergé-Patt überzeugt. Eine Zeit lang hatte sie mit Paolo Wetten darüber abgeschlossen. Aber Paolo wollte nicht mehr wetten, er fand es irgendwie unangebracht. Jetzt trug sie ihre Schätzungen nur noch diskret in ihr Notizbuch ein. Sie meinte es nicht böse. Sie war froh um jeden, der blieb. Aber manche waren einfach nicht ambitioniert genug, um zurechtzukommen. Und manche waren zu ambitioniert. Bei Hannah tippte sie auf Letzteres. Frau Bergé-Patt stützte sich wieder auf die Reling und lächelte, während sie den Sonnenuntergang betrachtete. Die Insel kam immer näher. Ihre Insel. Sie liebte das Ruckeln, wenn sie mit dem Fiesta über den Kies bretterte. Den Duft der Feigenbäume vor ihrem Bungalow. Das Lärmen der Zikaden nachts vor ihrem Fenster. Für sie war die Insel der schönste Ort auf Erden. Sie würde niemals verstehen, wie man dieses kleine Paradies freiwillig verlassen konnte.

2

»Reception« stand auf dem kleinen kastenförmigen Gebäude, als hätte es einst zu einem billigen Hotel oder einem Campingplatz gehört. Online hatte Hannah immer nur das imposante Berliner CHL-Gebäude gesehen. Aus Glas und Stahl mit roten Emblemen. Sie zögerte, als sie durch die Schwingtür trat. Die langgezogene Theke war in einem ockerfarbenen Ton lackiert und glänzte, als wäre sie aus Plastik und nicht aus Holz. An der Wand hing ein Schlüsselbrett in derselben scheußlichen Farbe. Hinter der Theke saß ein Mann in ihrem Alter, der sie über seine kleine runde Brille hinweg ansah.

»Guten Tag, mein Name ist Hannah Kahl. Ich ...«

»Hallo, Hannah! Ich bin Paolo. Willkommen auf unserer wunderschönen Insel! Kannst du bitte dort drüben Platz nehmen?«

Hannah stutzte. Warum hatte er sie gerade geduzt? Wusste er nicht, wer sie war? Aber er hatte doch ihren Namen genannt! Er zeigte auf den abgenutzten Stoffsessel gegenüber, der zwischen zwei Topfpflanzen stand. Seine Stimme klang zart, und seine Locken sahen aus, als hätte er sie morgens alle einzeln drapiert. Hannah setzte sich auf ihren Thron zwischen den Palmen. Immerhin war sie alleine hier, und das Gespräch würde bestimmt nicht lange dauern. Sie überlegte, was auf seiner Visitenkarte stehen könnte. Paolo Irgendwas, Rezeption und Palmenzucht. Oder Rezeption und Hair Stylist. Sie unterdrückte ein Schmunzeln. An der Decke surrte ein Ventilator. Paolo legte einen Schlüssel und eine schwarze Schachtel auf die glänzende Fläche. Dann nahm er hinter der Theke Platz. Hannah konnte nicht sehen, was er dort tat. Sie hörte Papier rascheln. Vielleicht füllte er irgendwelche Formulare aus. Er wirkte konzentriert, fast angespannt. Und immer wieder blickte er auf und lugte über seinen Brillenrand und die Theke hinweg, als müsste er überprüfen, ob sie noch da war.

Paolo spitzte seinen Bleistift. Er nahm seine Arbeit ernst. Er wusste, dass er ihr nirgendwo so ungestört und ausgiebig nachgehen konnte wie hier auf dieser Insel. Dieser paradiesische Ort, der sehr klein war und ihm dennoch jeden Tag viele neue

Eindrücke bot. Dafür war er unglaublich dankbar. Und trotzdem machte er sich immer noch Sorgen. Sorgen, nicht gut genug zu sein. Nicht gut genug für die Welt außerhalb der Insel. Und so spürte er, wie sich die Insel langsam von einer Zuflucht in ein Gefängnis verwandelte. Wie wird es hier wohl für die Neue sein?, fragte er sich. Was wird sie hier finden?

***

Hannah hat das Gefühl, in dem durchgesessenen Sessel zu versinken. Jetzt spürt sie, wie erschöpft sie ist. Ihr Körper entspannt sich zum ersten Mal seit Wochen und scheint mit dem roten Stoff zu verschmelzen. Ihre Finger geben Ruhe. Ihre Füße kühlen ab. Immer wieder fallen ihre Augen zu, ihr Kopf kippt nach vorne. Sie reißt ihn wieder nach oben, öffnet mühsam ihre Augen zu zwei Schlitzen, sucht Paolo hinter der verschwommenen Theke. Den Schlaf schmeckt sie schon auf ihrer Zunge. Ich darf nicht einschlafen!, sagt sie sich. Ich bin doch gerade erst angekommen. Zuerst muss ich einchecken, mir frische Kleidung besorgen und eine Zahnbürste. Ich muss dringend duschen. Ich muss mir alles erklären lassen. Ich muss mich auf die Fortbildung vorbereiten, die morgen beginnt. Ich muss, denkt sie, ich muss und muss noch so viel. So viel denken und so viel tun. Dann kippt ihr Kopf nach hinten auf die Lehne. Sie lauscht dem Surren des Ventilators. Doch da ist noch etwas anderes. Ein Rauschen, das anschwillt und wieder nachlässt, das geht und kommt. Das Meer, denkt sie, da draußen ist das Meer. Sie hört das Wellenrauschen immer deutlicher, als würde sie am Strand sitzen. Als würden die Wellen an den Strand schwappen und ihre Füße umspülen. Sie atmet die salzige Luft ein, spürt den Wind in ihrem Gesicht. Und der Wind trägt ein weiteres Geräusch mit sich … ein Flattern. Eilige, kraftvolle Flügelschläge, die sich ihr nähern. Hannah fühlt, wie sich in ihrem Innersten Worte loslösen. Zwei Namen, die langsam aufsteigen und die ihre Lippen schon zu formen versuchen, bevor Hannah überhaupt versteht, was sie bedeuteten: Coco, flüstert sie. Lora. Dann fällt sie in einen tiefen Schlaf.

* * *

Hannah schreckte hoch. Sie war tatsächlich im Sessel eingeschlafen. Jemand hatte sie mit einer Wolldecke zugedeckt. Draußen war es schon wieder hell. Paolo saß hinter der Theke. Er hatte ein anderes T-Shirt an. »Wie spät ist es?«, rief sie und sprang auf.

»Keine Ahnung«, antwortete Paolo »Ungefähr

halb zehn.« Hatte sie tatsächlich über zwölf Stunden hier geschlafen? Hannah konnte es nicht fassen.

»Warum haben Sie mich nicht aufgeweckt? Sie können mich doch nicht hier einfach … sitzen lassen!«

Hannahs Herz raste. Unter ihren Armen hatten sich große Schweißflecken gebildet. Sie wühlte in ihrer Handtasche, suchte nach ihrem Deo. Bis ihr einfiel, dass es in der Kosmetiktasche war. Im Koffer. Ihr Koffer!

»Du hast heute frei«, sagte Paolo.

»Frei? O. k., aber trotzdem! Ich kann doch nicht hier … oh Gott!«

Sie ließ ihre Hände fallen und holte Luft. Dann legte sie die Wolldecke, die auf den Boden gerutscht war, zurück auf den Sessel und ging zu Paolo an die Theke. »Ist das hier mein Zimmerschlüssel? Wo muss ich jetzt hin?«

»Alles halb so wild«, sagte er. »Du bist nicht die Erste, der das passiert ist. Der Sessel ist nun mal sehr bequem, und ich brauche manchmal etwas länger. Ja, das ist dein Zimmerschlüssel. Bungalow 12a, gleich gegenüber. Hier in der Tüte findest du Kleidung zum Wechseln. Hygieneartikel stehen im Bad bereit. Der Flughafen hat übrigens angerufen. Dein Koffer wird bald hier sein. Wegen des Frühstücks hast du bestimmt schon mit Frau

Bergé-Patt gesprochen. Lebensmittelbestellungen kannst du einfach hier draußen in den Briefkasten werfen. Aber bitte zumindest die Nummer des Bungalows angeben! Ansonsten gibt es hier eine kleine Kantine … hab ich irgendwas vergessen? Ach, die Schachtel, das ist übrigens deine Projektbox. Die hat die Zentrale für dich hinterlegt. Aber wie gesagt, heute hast du frei.«

»Und alle Infos zur Fortbildung finde ich in der Box?« Hannah betrachtete die mattschwarze Schachtel, die groß genug war für einen Laptop, ein paar Unterlagen und ein Smartphone.

»Ja, mach dir keinen Kopf! Wenn du Fragen hast, komm gerne vorbei.« Paolo lächelte sie an. Sie versuchte zurückzulächeln, aber sie war immer noch geschockt von der Tatsache, dass sie hier im Empfangsbereich zwischen zwei Zimmerpalmen geschlafen hatte. In voller Montur und wahrscheinlich mit offenem Mund. Wie peinlich. Besser nicht darüber nachdenken. Sie brauchte etwas zu trinken. Und dann musste sie diese Box öffnen.

***

Hannah rubbelte sich die Haare trocken. Sie würden ungeföhnt schrecklich aussehen und ohne einen Hauch von Volumen strähnig an ihrem Kopf kleben. Sie hängte das Handtuch über den Stuhl, der aus dem gleichen Holz war wie der Rest des schlichten Bungalows. Sie schüttete den Inhalt der Papiertüte auf die kratzige Tagesdecke des Betts. Die Kleidung, die herausfiel, war mehr als leger: eine beige Leinenhose, ein rotes T-Shirt, ein langes gelbes Kleid, eine grobe Strickjacke, ein Badeanzug … Wer hatte ihr das denn ausgesucht? Das konnte man im Urlaub tragen oder als Schlafanzug, aber doch nicht zur Arbeit. Trotzdem schlüpfte sie in das T-Shirt, das ihr etwas zu lang war. Bis Montag brauchte sie ihren Koffer! So konnte sie sich nicht sehen lassen. Sie steckte die Klamotten zurück in die Tüte und holte das Plastik-Tablett herein, das sie auf einem Tischchen im Flur entdeckt hatte. Der Kaffee im kleinen Thermosbecher war sogar noch heiß. Neben dem Brötchen und dem Apfel lag ein Keks mit CHL-Logo, der nach Vanille duftete. Keine drei Minuten später hatte sie das Frühstück verschlungen. Der Hunger trat den Rückzug an, und die Erinnerung an den Traum drängte sich in ihr Bewusstsein. Sie lehnte sich zurück, spürte das kühle Handtuch an ihren Schulterblättern, hörte ihre eigenen Worte. Coco. Lora. Die beiden hatte sie vollkommen vergessen.

Hannah schreckte hoch. Sie stand auf, nahm das Tablett, wusste nicht so recht, wo sie es hinräumen sollte, drehte sich damit nach links und nach rechts und stellte es dann wieder auf das Tischchen im Flur. Dann nahm sie sich die Box vor, setzte sich aufs Bett, strich mit ihren Fingern über den mattschwarzen Deckel und zog ihn behutsam ab. Sie legte ihn neben sich und blickte in die Box. Wider Erwarten fand sie darin weder ein Smartphone noch einen Laptop, sondern nur ein unscheinbares Notizbuch mit der Aufschrift: *Projektbericht*. Sie schlug es auf. Blätterte darin: nichts als weiße Seiten. Keine Erklärung, keine Aufgabenstellung, kein Abgabetermin, nichts. Nur: *Projektbericht.* Panik stieg in ihr auf. Hatte sie etwas übersehen? Hätte sie sich online irgendwo registrieren müssen? Sie zückte ihr Smartphone, suchte den E-Mail-Verlauf mit der Personalabteilung ab und wählte die Nummer. Eine Bandansage wurde abgespielt. »Herzlich willkommen bei CHL. Anrufe Ihrer Niederlassung können in der Zentrale leider nicht entgegengenommen werden. Wir bitten, dies zu entschuldigen. Bitte wenden Sie sich an Ihre Ansprechpartner vor Ort. Wir wünschen Ihnen einen schönen Aufenthalt.« Aber wer war ihr Ansprechpartner? Und wo war überhaupt ihre Abteilung? Hannah kaute auf der Innenseite ihrer Backen herum. Dann musste sie wohl Paolo fragen. Sie nahm die leere Schachtel noch einmal in die Hand und begutachtete sie von allen Seiten. Tatsächlich lag auf dem Boden der Schachtel ein weißes DIN-A4-Blatt, das sie übersehen hatte. Auf der Rückseite war eine von Paolo signierte Bleistiftzeichnung. Sie zeigte sie selbst. Schlafend in einem Sessel. Den Kopf schief nach hinten gelehnt. Ein Palmenblatt neben ihren strähnigen Haaren.

***

Mit einer ersten Welle der Enttäuschung lässt sich Hannah zurück aufs Bett fallen. Was soll dieser Mist? Ist das Absicht? Soll das eine Art Schnitzeljagd werden? Erwartet man von mir, irgendwelche Rätsel zu lösen, um am Ende einen Schatz auf dieser heruntergekommenen Insel zu finden? Oder bekomme ich meinen Koffer erst wieder, wenn ich irgendwelche Aufgaben gelöst habe? Nein, Hannah, reiß dich zusammen, ermahnt sie sich. Wahrscheinlich ist die Niederlassung hier einfach nur schlecht organisiert und die Leute etwas – nun ja – speziell. Oder ich bin einfach zu ungeduldig. Es ist noch nicht mal richtig losgegangen. Vielleicht meldet sich morgen jemand wegen der Box bei mir. Und Paolo – vielleicht hat er es nur nett gemeint. Sie greift nach dem Blatt. Ich sehe bescheuert aus, total fertig. Wie kommt er überhaupt auf die Idee, mich ungefragt zu zeichnen! Auch noch während ich schlafe! Sie hält sich die Zeichnung näher vors Gesicht. Aber er hat mich trotzdem gut getroffen, erstaunlich gut, stellt sie fest. Als hätte er dabei meine Gene entschlüsselt. Papas Kinn. Mamas Nase. Ja, das bin ich. Genauso muss ich aussehen, wenn ich schlafe. Paolo kann das richtig gut, ohne Zweifel. Ich wollte auch immer gut zeichnen können, erinnert sich Hannah plötzlich. Ich habe ständig gezeichnet als Kind, viel geübt, den Nachbarshund Toni skizziert und meine Freundinnen. Irgendwann habe ich mir Ölkreide zu Weihnachten gewünscht und mich sogar einmal bei diesem todlangweiligen Zeichenkurs an der Volkshochschule angemeldet. Sie lässt ihre Hand mit dem Bild zurück aufs Bett sinken. Und dann habe ich aufgehört. Irgendwann. Warum eigentlich? Warum hört man mit Sachen auf? Sachen, von denen man dachte, dass man ohne sie nicht leben kann. Weil sie auf einmal keinen Spaß mehr machen? Weil man merkt, dass man nicht gut genug ist? Weil man keine Zeit mehr dafür hat? Ich habe nicht seltener gezeichnet. Ich habe nicht schlechter gezeichnet. Ich habe einfach gar nicht mehr gezeichnet. Von heute auf morgen habe ich damit aufgehört. Und bis jetzt habe ich es noch nicht einmal bemerkt.

3

Frau Bergé-Patt hatte Hannah das Frühstück heute tatsächlich direkt ans Bett gebracht. Wie war sie so leise in ihr Zimmer gekommen? Und kaum hatte sich Hannah von dem Schrecken erholt, gefrühstückt und sich widerwillig das für ihren Geschmack viel zu gelbe Kleid angezogen, klopfte es auch schon ans Fenster. Sie öffnete es. Die aufgeheizte Luft trug einen süßlichen Duft herein und das beruhigende Rauschen des Meeres. Links zog etwas ihren Blick auf sich: eine fast handtellergroße gelbe Blüte. Erst dann sah sie den Besucher. Er schien groß zu sein und verharrte in einer gebückten Haltung, die sehr unbequem sein musste. Hannah bekam sogleich eine Visitenkarte in die Hand gedrückt. Immerhin das.

»Thomas Wiedemann, Teamleiter. Guten Tag, Frau …?«

»Hannah Kahl, Junior Consultant. Leider habe ich noch keine eigene Karte.«

»Freut mich, Frau Karl! Ja, das Problem mit den Karten kenne ich.« Er verdrehte die Augen und präsentierte dabei seine funkelnde Armbanduhr auf dem Fensterbrett.

»Meeting heute um vierzehn Uhr für alle, die diesen Monat hier angekommen sind wie Sie und ich«, verkündete er und richtete sich wieder auf, sodass Hannah nur noch seine bordeauxrote Krawatte im Fensterrahmen sah.

»Entschuldigung. Wo findet denn das Meeting statt?«

»In dem grauen Haus da gegenüber, das keine Nummer hat. Im Foyer.«

»In Ordnung, vielen Dank. Bis dann!«, antwortete Hannah der Krawatte, bevor sie ganz aus ihrem Blickfeld verschwand. Dann würde es ja endlich losgehen mit ihrer Fortbildung.

* * *

Das Haus sah von innen exakt genauso aus wie von außen. Grau und leer. Ein paar Plastikstühle standen darin, mitten im Weg, als hätte sie jemand abends hastig reingetragen. Außer ihr waren noch zwei weitere junge Mitarbeiter anwesend. Lena Schäfer und Sven Wantke. Trotz der Namensschilder, die sie sich gebastelt hatten, nannte sie Herr Wiedemann beharrlich »Frau Karl«.

Lena hatte sich für die Buchhaltung beworben. Sie redete so leise, dass Hannah sie bitten musste, jeden Satz zu wiederholen. Dabei zog sich jede Silbe in die Länge. Herr Wiedemann schien hingegen gar nicht erst zu hören, wenn Lena etwas sagte, oder es dauerte ihm schlicht zu lange, sodass er ihr mit seiner kräftigen Stimme immer ins halbfertige Wort fiel, woraufhin sie stets zusammenzuckte. Und dann war da noch Sven. Es dauerte keine fünf Minuten, bis er Herrn Wiedemann nach dem Mund redete, über seine schlechten Witze lachte und seine Phrasen wiederholte, um sich hervorzutun. Und tatsächlich ging Svens Masche auf: Der Teamleiter bot an, dass Sven ihn als Assistent im Bereich Business Operations unterstützen könnte. Sein Projektbericht war schon einmal gerettet, dachte Hannah, die immer noch ahnungslos war, was ihr eigenes Projekt anging. Sie nutzte die Gelegenheit, das Thema anzusprechen.

»Hat jemand von Ihnen genauere Informationen zum Projektbericht? Oder haben wir freie Hand?«

»Ich würde auch gerne wissen … noch gar keine Ahnung, was ich … was als Projekt gilt oder …«, sagte Lena, bis Herr Wiedemann mit seiner Ansprache begann:

»Das mit dem Projektbericht ist eine heikle

Sache! Aber auch eine Herausforderung! Als Teamleiter sehe ich es als meine Aufgabe an, Strukturen für die Projektplanung zu schaffen, die offenbar noch nicht vorhanden sind und von denen Sie alle profitieren werden! Ich schlage also vor, dass wir einen wöchentlichen Jour fixe einführen, jeden Freitag hier um vierzehn Uhr. Ich biete Ihnen die Gelegenheit, dort Ihre Fortschritte in der Planung Ihrer Projekte zu präsentieren und Ihre Ergebnisse zur Diskussion zu stellen. Und natürlich würde es mich interessieren, inwiefern die von mir initiierten Maßnahmen Ihre Projektplanung effizienter machen.« Herr Wiedemann hob sein Kinn an, um sich noch größer zu machen und wartete auf anerkennende Worte.

»Eine wunderbare Idee, Herr Wiedemann!«, sagte Sven, der es sich inzwischen breitbeinig auf einem der Plastikstühle bequem gemacht hatte. »Vielleicht kann ich weitere Mitarbeiter mobilisieren.« Dann verließ der große Mann das Foyer und der kleinere folgte ihm. Hannah, die große Hoffnungen in das Meeting gesetzt hatte, blieb ratlos auf ihrem Stuhl sitzend zurück. Mit Lena und dem unangenehmen Schweigen, das das Mädchen umgab.

»Wie lange sind Sie schon da?«, fragte Hannah schließlich.

»...ei Wochen«, antwortete Lena.

»Oh«, erwiderte Hannah, »zwei Wochen schon?« Und offenbar hatte Lena noch nicht einmal mit ihrem Projektbericht angefangen.

»Ja«, sagte Lena und hielt sich am Saum ihrer Bluse fest.

»Ich bin seit gestern da.«

»Mhm« oder so etwas in der Art kam aus Lenas Mund. Dann verabschiedete sich Hannah und beschloss, nicht denselben Fehler wie Lena zu begehen, und gleich am Montag ihren Projektbericht in Angriff zu nehmen.

Lena wartete, bis die Neue das Foyer verlassen hatte, und begann dann die Plastikstühle zu stapeln, einen nach dem anderen, immer vier übereinander, und sie dann in eine Reihe zu stellen. Wenigstens hatte ihr heute niemand gesagt, dass sie zu leise spreche. Immer sagten ihr alle, dass sie zu leise spreche oder zu langsam ginge. Schon in der Schule wurde sie »Schildkröte« genannt. Dabei sprachen immer alle so unglaublich laut und rannten zu schnell. Wie der Teamleiter eben. Sie musste sich beherrschen, sich nicht die Ohren zuzuhalten. Seit sie auf der Insel lebte, war es noch extremer geworden. Sie spürte nun ganz deutlich, dass sie eine eigene Lautstärke hatte und ein eigenes Tempo. Dass es zwecklos war, sich zu entschuldigen oder zu versuchen, sich anzupassen. Der Abstand zu den anderen war zu groß. Es blieb ihr nichts anderes übrig, als so zu sein, wie sie war. Und die Insel gab ihr den Raum und die Zeit, die sie brauchte.

***

Hannah stellt fest, dass ihr Bett auch ohne die Tagesdecke nicht besonderes bequem ist. Die Matratze ist hart und fühlt sich zusammengestückelt an. Es ist drei Uhr nachmittags, und sie weiß nicht, wohin mit sich. Sie starrt auf die gemaserten Holzbalken unter dem niedrigen Dach des Bungalows. Was mache ich hier? Ich will nach Hause, denkt sie. Oder zumindest an den Ort, der einmal mein Zuhause werden soll. Was war das für ein furchtbares Meeting! Was sind das überhaupt für Leute! Wer stellt denn bitte solche Nullnummern ein? Jemand, der mich auch einstellt, kommt es ihr in den Sinn. Künstler an der Rezeption. Chauffeure, die das Frühstück bringen. Dieses langsame Mädchen konnte einem fast leidtun! Und der hirnlose Teamleiter, dieser absolut überflüssige Vollpfosten mit seinem eigennützigen Jour fixe, der doch selbst gerade erst hier angekommen ist und keine Ahnung hat. Wird hier noch mal ausgesiebt? Frau Bergé-Patt hatte von sechs Monaten gesprochen. Gibt es vielleicht gar keine Fortbildung? Ist dieser Aufenthalt auf der Insel eine Art Probezeit?

Und wenn ja, befinden sich die anderen in derselben Situation wie ich?

Vielleicht kommt es wirklich nur auf das Projekt an, das wir am Ende abliefern. Das heißt, ich brauche ein Büro. Ich brauche Kunden. Ich brauche ein Team. Es muss doch auch noch andere Kollegen hier auf dieser Insel geben! Welche, mit denen man arbeiten kann. Ich muss das irgendwie selbst auf die Beine stellen, so schnell wie möglich. Das muss in zwei Wochen doch zu schaffen sein.

* * *

Die erste Woche stand Hannah jeden Morgen zeitig auf, zog ihren verschwitzten Blazer an und starrte auf ihren Laptop und den leeren Projektbericht. Es half alles nichts. Sie konnte keinen Ansprechpartner in der Personalabteilung ausfindig machen, und ein Vorgesetzter meldete sich auch nicht bei ihr. Ihre E-Mails und Anrufe blieben unbeantwortet. Auf der Insel gab es laut Paolo niemanden, der qualifiziert war, ihr weiterzuhelfen. Die Internetverbindung brach ständig ab. Hannah beschlich das ungute Gefühl, dass ihr Aufenthalt hier ein riesiger Irrtum war. Dass sie wertvolle Zeit verlor. Vielleicht sollte sie einfach abreisen, sobald sie ihren Koffer zurückhatte und die Sache mit der Fortbildung in Berlin klären.

Irgendwann gab sie dem Drang nach, sich den Badeanzug anzuziehen und an den Strand zu gehen. Aber nur kurz. Sie wusste, sie würde sonst den ganzen Tag ein schlechtes Gewissen haben, sich faul und unproduktiv fühlen. Mit ihren Pumps quälte sie sich über den Kieselstrand und ärgerte sich, dass sie keine passenden Schuhe dabeihatte, weder hier noch in ihrem verschollenen Koffer. Auf dem nächsten Felsen, den sie erreichte, breitete sie ihr Handtuch aus. Sie befreite ihre Füße aus den Schuhen, legte sich hin und schloss die Augen.

»Hi! Ich bin Clarissa!«

Hannah blinzelte in die Sonne. Sie setzte sich auf und suchte nach dem Gesicht, zu dem die Stimme gehörte. Braun gebrannt, strahlend, hellblonder Pferdeschwanz.

»Ich bin Hannah. Hannah Kahl.«

Und als wäre das eine Einladung gewesen, setzte sich Clarissa zu ihr aufs Handtuch.

»Junior Consultant«, ergänzte Hannah und rückte ein Stück zur Seite.

»Oh! Cool! Ich bin Social Media Managerin. Und Influencerin, na ja, Influencerin in Rente.« Sie lachte. »Clarissa la Classe heißt mein Blog. Vielleicht kennst du den?«

Hannah schüttelte den Kopf.

»Echt nicht?«

»Nein«, sagte Hannah.

»Oh, o. k. Na ja, Lifestyle, Fashion, Make-up und so?«

Sie sah Hannah noch einmal fragend an.

»Sorry.«

»Egal. Mit dem Bloggen habe ich schon länger aufgehört, ich meine, deshalb hab ich mir einen neuen Job gesucht. Ist auf Dauer auch bisschen schwierig hier mit Content, und die Internetverbindung ist echt bescheiden. Aber sonst ist es mega!«

»Ja?«

»Na klar! Andere würden hier Urlaub machen! Und wir kriegen ein super Gehalt, Essen ans Bett, sind total flexibel, was die Arbeitszeiten betrifft. Ich meine, hallo?! Wir müssen uns um nichts kümmern!«

»Du bleibst also dauerhaft hier?«, wollte Hannah wissen.

»Na logisch! Vor einem halben Jahr bin ich hier gelandet, hab nun ein tolles Büro und meinen Bungalow. Mich kriegen keine zehn Pferde mehr von dieser Insel runter! Ist dieser Ort nicht der Wahnsinn?« Clarissa lehnte sich zurück und schloss die Augen. Hannah konnte beim besten Willen nicht verstehen, warum alle so begeistert von der Insel waren.

»Und was hattest du als Projekt?«

»Mann, Mann, Mann. Immer die Neuankömmlinge mit ihren Projektberichten! Ganz ehrlich, das interessiert doch niemanden! Ich habe meinen nie abgeschickt. Und trotzdem bin ich noch hier und krieg mein Geld. Also was soll der Stress!«

Hannah wusste nicht, was sie darauf sagen sollte. Konnte Clarissa einfach hier auf Kosten von CHL Dauerurlaub machen? Das war doch nicht möglich! Oder sah sie die ganze Sache zu eng?

Hannah war genervt, aber sie wollte ihre schlechte Laune nicht an Clarissa auslassen. Sie wollte zurück in den Bungalow. Es war sowieso viel zu warm, um in der Sonne zu liegen. Und zu trinken hatte sie auch nichts mitgenommen. Sie stand auf und zupfte leicht am Handtuch, aber Clarissa machte keine Anstalten, sich zu bewegen. »Entschuldigung. Ich muss jetzt los.«

»Wo musst du denn hin?«, fragte Clarissa interessiert.

»Was holen.«

»Kannst du das Handtuch nicht dalassen? Ich bring's dir auch zurück!«

»Nein, sorry.« Hannah ließ es nicht los.

Widerwillig stand Clarissa auf.

»Wo ist denn dein Büro?«, wollte Hannah noch wissen.

»In diesem grauen Kasten. Erster Stock. Komm mich mal besuchen! Oder … weißt du was? Wir könnten es uns auch teilen! So als Co-Working-

Space!«, schlug Clarissa vor. Ihre Begeisterung schreckte Hannah ab. Andererseits brauchte sie dringend einen Arbeitsplatz, der den Namen auch verdiente. Clarissa war schon ein halbes Jahr auf der Insel, wie sie ihr erzählt hatte. Vielleicht waren zwei Wochen einfach nicht realistisch, überlegte Hannah. Vielleicht wurde von CHL sogar erwartet, dass man freiwillig länger blieb. Aber ein halbes Jahr? Dann müsste sie ihre Wohnung untervermieten. Wie sollte sie das machen?

»Ich denke darüber nach«, sagte Hannah und kletterte zurück auf die Kiesel.

»O. k.! Bis morgen!«, rief Clarissa ihr hinterher. »Ich freu mich!«

***

Als Hannah ihren Bungalow betrat, bemerkte sie, dass irgendetwas anders war. Jemand musste hier gewesen sein, während sie am Strand war. Es war … der Geruch. Es roch frisch, zitronig. Jemand hatte geputzt. Ihr Koffer war wieder da! Endlich. Ihre Kleidung in den Schrank geräumt, die Schuhe daneben gestellt. Ihr Bett war gemacht, anders als sonst. Der kleine Kühlschrank war wieder aufgefüllt. Ihr unvorteilhaftes Porträt hing in einem goldenen Rahmen an der Wand. Hannah nahm es ab und legte es unten in den Schrank. Die schwarze Box stand exakt in der Mitte des kleinen Tisches. Sie schaute hinein, aber es gab nichts Neues zu sehen. Nur dieses leere Notizbuch, das ihr das Leben schwer machte.

4

Am Abend, kurz bevor die Sonne unterging, nahm sich Hannah endlich die Zeit, die Insel zu erkunden. Bis auf die wohl nachträglich in die Inselmitte gepflanzten, nummerierten Bungalows gab es keinerlei Beschilderung, was öffentlich war und was privat. Immer wenn sie sich einem Gebäude näherte, fühlte sie sich wie ein Eindringling. Wenigstens war es unmöglich, sich zu verlaufen: Die Insel war so klein, dass man sie zu Fuß umrunden konnte.

Am Strand, an dem Hannah gerade in der Dämmerung entlangspazierte, waren aus flachen Felsstücken Mauern geschichtet. Halb fertig. Oder schon wieder halb abgerissen. Das konnte man schlecht beurteilen. Vielleicht sollten die neu errichteten Mauern die alten Häuser vor den Wellen schützen. Wenn die Wellen hier überhaupt so groß wurden. Ein paar Meter weiter stand ein kleiner Holzpavillon, in dem sich ein Ohrensessel befand und eine Kiste mit Werkzeug. Auf das nächste Haus in Sichtweite hatte jemand mit roter Farbe »CAFE – BAR – POST« gepinselt. Groß und schief. Drinnen brannte Licht. Aber sie konnte niemanden durch das Fenster sehen und traute sich nicht einzutreten. Sie ging weiter über den blassgrauen Kies zu den Felsen, auf denen sie heute schon gelegen hatte, dann an ihrem Bungalow und an der Rezeption vorbei. Dort, wo die Fähre anlegte, standen eine Menge Kisten, Fässer und Säcke herum. Zwei kleine Ruderboote schaukelten in den Wellen. Vorne machte der Strand wieder eine Kurve. Ein Pärchen spazierte dort gerade entlang. Hand in Hand. Sie trug ein Sommerkleid, das aussah, als wäre es aus einzelnen Stofffetzen zusammengenäht. Er hielt eine Angel in der Hand. Hannah überlegte, ob Leute tatsächlich auf der Insel Urlaub machten und ob hier auch Einheimische lebten. Soweit sie wusste, gehörte das gesamte Inselterritorium zur CHL-Niederlassung. Hinter der Kurve entdeckte sie eine kleine Anhöhe. Dicht mit Sträuchern und knorrigen Bäumchen bewachsen, von den Kieselsteinen verschont. Langsam kühlte die Luft ab und streichelte ihre gereizten Schultern. Sie blickte auf die kleinen glänzenden Pfützen, die das Meer am Strand festhielten und setzte sich an den Hang. Die sandige Erde würde man schon wieder von der Hose abklopfen können, dachte sie. Sie stützte sich ab, spürte etwas Kleines unter ihrer Handfläche. Etwas lief weg. Eine Eidechse! Unter ihrer Hand hatte sie ihren Schwanz zurückgelassen. Ein Stück totes Tier, das eben noch lebendig war. Hannah sprang auf, unterdrückte einen Schrei, wischte die Hand an ihrer Hose ab, obwohl es da nichts abzuwischen gab. Winzige schwarze Flecken hingen in ihrem Blickfeld. Sie prüfte den Felsen neben sich auf kleines Getier, hielt sich dort fest. Ein Flattern. Ein Windstoß streifte ihre Wange. Dann sah sie sie. Auf dem Baum gegenüber. Zwei Papageien. Riesige Vögel, deren Gefieder auch in der Dämmerung noch fast unwirklich farbig leuchtete. Hannah schloss kurz die Augen, um den Schwindel zu vertreiben, die schwarzen Flecken verschwanden, aber die Papageien saßen noch da.

»Hannah ist nicht vorbereitet«, krächzt Lora.

»Ja, sie hätte sich besser vorbereiten müssen. Sie hätte sich informieren müssen!«, stimmt Coco mit ein.

»Ja, wie denn?«, fragt Hannah. Die Papageien starren sie an. »Oh, meinst du, sie kann uns hören, Coco?« Loras dunkle Knopfaugen funkeln im letzten Lichtrest der Sonne.

»Ja, wie denn, Hannah? Was machst du hier nur?«

»Lasst mich in Ruhe!« Hannah entfernt sich ein paar Schritte, aber die Papageien folgen ihr, flattern auf den Ast gegenüber, rascheln mit den Flügeln in den Blättern, als müssten sie beweisen, dass sie mehr sind als bloße Fantasie.

Hannah rüttelt am dürren Stamm des Baumes, auf dem sich Coco und Lora niedergelassen haben. Sie versucht, sie zu verscheuchen. Schlägt mit einem Stock nach ihnen. Wie lächerlich, denkt sie dabei. Ich schlage nach etwas, das nicht existiert! Sie schließt noch einmal ihre Augen. Hält sich die Ohren zu. Aber das ändert nichts. Die Papageien bleiben und plappern weiter.

»Ach, dass sie sie genommen haben, heißt noch gar nichts.«

»Haut ab! Ich habe keine Zeit für … so was!«

Coco lacht. »Stimmt! Die Hälfte der Zeit ist doch schon rum! Und du hast noch immer kein Projekt!«

»Verkackt! Verkackt! Verkackt! Haha!«, krächzt Lora.

Die Stimmen der Vögel vermischen sich, das Krächzen und das Lachen werden so laut, bis Hannah es nicht mehr aushält. Sie will weg. Sie will sich das nicht anhören. Sie steigt zurück auf den Kies. Lora kreist über ihrem Kopf. Rot, groß und bedrohlich nah. Hannah duckt sich und fällt dabei beinahe hin.

»Da bekommt sie die Chance, bei CHL zu arbeiten, und jetzt weiß sie nicht, was sie tun soll!«, ruft Lora. Hannah läuft davon, klettert zwischen den Felsen hindurch zurück in Richtung ihres Bungalows.

»Hannah will nach Hause! Hannah! Nach Hause! Sie wollte nie auf die Insel«, kreischt Coco. Inzwischen ist es dunkel geworden. Die Felsen, die tagsüber schon schwierig zu überwinden waren, erscheinen Hannah nun noch gefährlicher, die Abstände dazwischen sind schwer abzuschätzen. Einige Felsbrocken wackeln. Die Papageien fliegen immer wieder dicht über ihren Kopf hinweg. Da rutscht sie mit der Schuhsohle von einer feuchten Felskante ab, landet auf unebenem Grund, knickt mit dem Knöchel um, schlägt dann mit dem Knie auf der Kante auf und sinkt nieder. Das alles passiert so schnell, dass es für einen Schrei zu spät ist, als sie es begriffen hat. Sie spürt, wie am Knie etwas Blut durch die Hose sickert und ihr Knöchel zu pochen beginnt. Die Papageien sitzen auf der Felskante, blicken sie an, neigen den Kopf im Meeresrauschen.

»Es gibt euch gar nicht! Es kann euch gar nicht geben. Ich habe euch erfunden, euch ausgedacht. Ihr seid nicht … echt.« Hannahs Stimme zittert.

»Aber warum läuft sie dann vor uns weg?«, sagt Coco zu Lora. »Warum fällt sie hin und verstaucht sich den Knöchel? Das ist echt. Sie spürt doch, wie echt es ist.«

»Was soll das? Warum tut ihr das?« Hannah starrt auf die im Mondschein schillernden Federn.

»Was tun wir denn?«, fragt Coco und blinzelt.

»Hmmmmm …«, macht Lora.

Hannah versucht, ihren verletzten Fuß an sich ranzuziehen, um zu sehen, ob die Hose gerissen ist – ihre neue Hose –, aber der Schmerz und die Dunkelheit halten sie davon ab.

»War das jetzt wirklich nötig?«

»Ja, das war es«, sagt Coco.

* * *

Paolo fand Hannah bei seinem kleinen nächtlichen Rundgang. Er rief Frau Bergé-Patt, und beide brachten sie in ein kleines, mit einer Liege ausgestattetes Nebenzimmer der Rezeption, um sie zu verarzten. Hannah war froh, dass sie nicht gefragt wurde, was sie nachts am Strand zu suchen hatte und wie der Unfall passiert war. Was hätte sie auch sagen sollen? Sie wollte ihnen auf keinen Fall von den sprechenden Papageien erzählen. Auf der Insel gab es schließlich keine Papageien. Zumindest hatte sie letzte Woche keine gesehen. Aber sicher sein konnte sie sich nicht. Vielleicht waren die Vögel echt gewesen, und sie hatte sich nur die

Stimmen eingebildet? Der beißende Geruch von Desinfektionsspray stieg Hannah in die Nase.

»Die Wunde am Knie ist großflächig, aber nicht tief. Das muss man nicht nähen«, sagte Paolo, »nur gut sauber halten.« Vorsichtig drückte er einen Tupfer auf die Wunde. Hannah zuckte zusammen. Es brannte höllisch. »Zum Glück!«, sagte Frau Bergé-Patt. »Aber den Knöchel sollten Sie die nächsten Tage kühlen! Und vor allem ruhigstellen.« Sie legte Hannah die Hand auf die Schulter, liebevoll aber bestimmt, als dürfte sie die Liege nun nicht mehr ohne offizielle Erlaubnis verlassen. Paolo nutzte die Gelegenheit und sprühte noch einmal Desinfektionsmittel auf ihr Knie.

»Müssen wir das an die Zentrale melden?«, fragte Hannah. »Also, ich meine, ich wollte mich jetzt eigentlich nicht krankschreiben lassen ...«

»Wir kümmern uns darum«, sagte Frau Bergé-Patt nur. Dann brachten sie Hannah in ihren Bungalow.

* * *

Wäre ihr geschwollener Knöchel und das schorfige Knie nicht gewesen, hätte sie keinerlei Beweise für diese seltsame Nacht am Strand gehabt. Sie wollte immer schon besser sein als die anderen. Sie herausfordern. Es ihnen zeigen. Aber nun wurde sie konstant herausgefordert, provoziert, an ihre Grenzen gebracht, und dafür brauchte es keine Fortbildung: Sie kämpfte gegen sich selbst. Gegen die Stimme in ihrem Kopf. Das war ihr nun klar geworden, als die Papageien ihrem sonst unsichtbaren Gegner gestern ihre Körper liehen.

Drei Tage hielt Hannah die verordnete Bettruhe aus. Sie fühlte sich, als läge sie im Krankenhaus. Sie schlief viel und schickte Nachrichten an Familie und Freunde. »Bin gut gelandet. Alles bestens.« Visiten gliederten den Tag: Frau Bergé-Patt brachte ihr Essen. Paolo rückte mit dem Desinfektionsspray an. Ihr Knie nässte immer noch stark, der Knöchel war noch nicht ganz abgeschwollen, aber die Gedanken vertrieben sie aus ihrem Bett. Du hast schon wieder so viel Zeit verloren. Du musst dich um ein Projekt kümmern. Du musst zumindest einen Plan haben, wie es weitergeht. Du musst aufstehen. Du bist doch hier, um zu arbeiten! Du bist hier nicht auf Kur! Die Papageien, die ihr so lebendig erschienen waren, verblassten schnell in ihrer Erinnerung. Der freche Coco und die etwas sanftmütigere Lora, die sie mit ihrer tiefen, krächzenden Stimme an eine alte Dame erinnerte, verwandelten sich in das Bild zurück, das sie die letzten Jahre abgespeichert hatte. Verstaubte Stofftiere auf einer Holzstange.

* * *

Sie musste ungefähr acht Jahre gewesen sein, als sie plötzlich in ihrem Leben auftauchten. An dem kleinen Haken an der Decke über ihrem Bett hatte man die Holzstange mit den beiden Papageien aufgehängt. Coco trug ein grünes Gefieder, seine Freundin Lora ein rotes. Die beiden kamen Hannah sehr gelegen, denn wie sie damals bereits wusste, konnten Papageien sprechen. Und wenn sie nachts nicht schlafen konnte, würden sie ihr zuhören und ihr kluge Antworten auf all ihre Fragen geben.

Zuerst hatte sie es mit dem lieben Gott versucht. So, wie sie und die anderen Kinder es in der Schule gelernt hatten. Sie wartete immer kurz, ob er etwas antworten würde. Schließlich wusste sie nicht, ob ihre Wünsche angemessen waren. Was sie wusste, war, dass sehr, sehr viele Leute zum lieben Gott beteten, gerade abends vorm Schlafengehen. Bestimmt hatte er keine Zeit, ausgerechnet ihr zu antworten. Dann flüsterte sie noch ein Amen in die Dunkelheit und versuchte, mit ihren vielen Gedanken im Kopf einzuschlafen.

Hannahs Meinung nach war der liebe Gott ziemlich überlastet.

Eines Nachts, als sie wieder im Bett lag und sich fragte, ob das mit dem lieben Gott eine Zukunft haben würde, sah sie, wie die beiden Papageien im Mondlicht zu schaukeln begannen. Ihre kleinen schwarzen Knopfaugen funkelten sie an. »Lieber

Coco«, begann Hannah. »Liebe Lora.« Da schüttelte Coco den Staub von seinen grünen Federn, Lora schmiegte ihren Kopf an seine Schulter und fragte mit ihrer krächzenden Stimme: »Na, Hannah? Was hast du heute wieder Tolles erlebt? Wir wollen alles wissen!«

»Wirklich? Müsst ihr nicht schlafen?«

»Nein, wir schlafen, wenn du in der Schule bist!«, sagte Coco. Das freute Hannah, und sie erzählte von ihrem Tag, von der ganzen letzten Woche und sogar von der vorletzten, bis sie friedlich einschlief.

* * *

Als sie wieder fit genug war, um aufzustehen, waren kein Flattern, kein Blinzeln, keine plappernden Schnäbel mehr vorstellbar. Hannah beschloss, sich nun auf die Fortbildung zu konzentrieren und dem Ereignis am Strand nicht zu viel Bedeutung beizumessen.

5

Hannah quälte sich die Stufen zum ersten Stock hinauf, den Laptop unter den linken Arm geklemmt, in der Hand ein Kühlpad für ihren Knöchel. Nach der Hälfte des Weges machte sie eine kurze Pause. Vom Fenster aus sah sie Paolo. Hinter der Rezeption hatte er Zeitungspapier ausgebreitet. Er besprühte Bilderrahmen mit goldener Farbe. Elektropop füllte das Treppenhaus. Die Tür zu Clarissas Büro war nur angelehnt. Hannah klopfte gegen den Türrahmen, auch wenn es Clarissa bestimmt nicht hören konnte, und trat ein.

»Hannah! Da bist du endlich! Tada! Dein Schreibtisch!«

Hannah bedankte sich und humpelte zum Arbeitsplatz, den ihr ihre neue Kollegin zuwies. Sie blickte sich in dem Raum um, der so gar nichts von einem Büro an sich hatte. Die beiden Tische und Stühle, die aussahen wie die aus ihrem Bungalow, waren wie die Tür und die Fensterrahmen stümperhaft rot lackiert. Eine der apricotfarbenen Wände war mit ausgedruckten Fotos beklebt: Selfies mit Freunden, gut aussehenden, gut gelaunten Freunden. Aus der anderen Wand ragten rostige Nägel, an denen Plastikkleiderbügel mit tropfenden Bikinis, müffelnder Sportkleidung, Handtüchern und Halsketten baumelten. Hannah bemühte sich, sich nicht zu neugierig umzusehen. Sie wollte nicht indiskret sein, und Clarissas unzählige persönliche Gegenstände verliehen dem Raum etwas unangenehm Intimes. Bei CHL zu arbeiten hatte sie sich wirklich anders vorgestellt.

Clarissa drehte die Musik etwas leiser.

»Was ist denn mit deinem Fuß passiert? Lass mich raten: die Felsen am Strand?«

»Ja, genau«, bestätigte Hannah und klemmte das Kühlpad zwischen ihre Knöchel.

»Die sind gefährlich! Ich sag's dir! Inzwischen kenn ich jeden Stein dort in- und auswendig. Aber anfangs hab ich mir gefühlt jede Woche dort den kleinen Zeh gebrochen!« Clarissa lachte, zog ihre Füße auf den Stuhl hoch und rubbelte an ihren nackten kleinen Zehen, als müsste sie sie wieder gerade biegen.

»Oh je«, sagte Hannah und baute ihren Laptop auf. Sie fand sogar eine halb abgebrochene, aber noch funktionstüchtige Steckdose für das Ladekabel.

Das Telefon auf Clarissas Schreibtisch begann zu klingeln. Aber sie ging nicht ran. Stattdessen griff sie in ein schillerndes Täschchen unter ihrem Tisch, zog eine Nagellackflasche heraus und lackierte sich ihre Zehennägel.

»Magst du auch?«

»Äh, nein. Danke. Hast du hier Internet?«

»Klar! Ich richte dir gleich alles ein. Muss nur noch den linken Fuß fertig machen!«, antwortete Clarissa ihrer neuen Freundin und drehte die Musik wieder lauter.

Nachdem sie die Internetverbindung hergestellt hatte, reichte sie Hannah einen verknitterten Zettel.

»Das ist übrigens der Link zum Taskpool von der CHL-Zentrale. Dein Name müsste schon als Benutzername hinterlegt sein. Das Passwort lautet ›Passwort‹. Kannst dir ja mal anschauen, ob da was drin ist, was dich mit deinem Projekt weiterbringt.«

Hannah glaubte, so etwas wie Sarkasmus in Clarissas Stimme zu hören. Trotzdem war sie dankbar für den Strohhalm, an den sie sich jetzt klammern konnte. Warum hatte man ihr den Link nicht gleich gegeben?

»Darf ich mich da einfach durchklicken?«, fragte Hannah.

»Genau. Kannst dir die To-Dos mal anschauen und dich durch die Ordner klicken. Und was davon bearbeiten, wenn du magst. Oder auch nicht. Dann macht's halt irgendwer anderes. Kannst auch gerne mein Telefon mitbenutzen.«

Über den Taskpool konnte Hannah auf eine riesige Datenbank zugreifen, mit jeder Menge Kunden, unterschiedlichsten Projekten, Ansprechpartnern, Kontaktdaten … sie würde sich noch einlesen müssen, aber dann konnte es endlich losgehen. Ihr fiel es nur etwas schwer, sich mit ihrer Kollegin zu arrangieren, in deren Reich ganz eigene Regeln galten, wie sie in den nächsten Tagen feststellte. »Ich nehme Kopfhörer, falls dich die Musik stört«, versuchte Clarissa ihr entgegenzukommen und sang dann bei jedem Lied mit oder summte, wenn sie den Text nicht kannte. Sie ließ das Telefon unentwegt klingeln, und gelegentlich breitete sie eine Yogamatte aus, um bei Fitness-Tutorials mitzumachen. Dann zählte sie die Wiederholungen und stöhnte laut auf, wenn sie nicht mehr konnte. Ab und zu war es still. Aber nur für wenige Sekunden. Dann fing Clarissa an zu lachen, kriegte sich nicht mehr ein, und Hannah wusste schon, dass sie ihr gleich wieder ein lustiges Video zeigen wollte. Zwischendurch redete sie vor sich hin. Hannah, die versuchte, das alles auszublenden, war sich nie sicher, ob Clarissa mit sich selbst sprach oder mit ihr, ob sie sie ignorieren konnte oder ob zustimmende Worte erwartet wurden.

***

Sie hat ihre ganze Energie darauf verwendet, sich an Clarissa anzupassen. Erschöpft schließt Hannah die Tür ihres Bungalows hinter sich. Die Datenbank hat ihr nichts gebracht. Sie schlägt trotzdem die erste Seite ihres leeren Projektberichts auf. Nimmt einen Kugelschreiber. Überlegt. Wirft ihn auf den Tisch, steht auf und lässt sich ins Bett fallen. Die Frau raubt mir den letzten Nerv. So kann ich nicht arbeiten, denkt sie. Ich muss mir ein neues Büro suchen. So geht es nicht.

»Wie geht es nicht?«

Coco und Lora klammern sich an der Vorhangstange fest, hängen dort mit dem Kopf nach unten und schaukeln ein wenig.

Hannah schlägt die Hände vors Gesicht. »Ich meine, wer glaubt sie, wer sie ist?«

»Eine Frau, die auf einer Insel gestrandet ist. Wie du. Und sie versucht, das Beste daraus zu machen. Wie du, nur ein wenig anders«, sagt Lora.

»Ach was! Jetzt tut nicht so, als hätte ich irgendwas mit ihr gemeinsam.«

»Sie macht eben das, was ihr guttut und worauf sie Lust hat.«

»Ja, aber dafür sind wir nicht hier! Wir werden nicht dafür bezahlt, das zu tun, worauf wir Lust haben!« Hannah setzt sich auf.

»Woher willst du das wissen?«, fragt Coco. »Vielleicht seid ihr gerade deswegen hier, und nur du weißt es noch nicht! Vielleicht kannst du von Clarissa etwas lernen.«

»Ich von ihr?! Und dann schreib ich einfach in meinen Projektbericht, dass ich ausgeschlafen habe und dann an den Strand gehen werde, um ein Buch zu lesen? Super Idee.«

Lora segelt zu Hannah aufs Bett.

»Deinem Fuß würde das guttun. Gönn dir doch ein bisschen Ruhe.«

»Dafür habe ich aber keine Zeit!«

»Sagt wer? Der Chef, den es nicht gibt? Du hast genauso viel Zeit wie alle anderen hier!«, krächzt es von der Vorhangstange.

Hannahs Blick fällt auf den Projektbericht, um den sich niemand auf der Insel zu kümmern scheint. Nur ihr bereitet er Magenschmerzen. Ein leeres Buch mit einem Wort darauf. Sie könnte es einfach ins Meer werfen.

»Also nimm dir doch die Zeit, die du brauchst.«

»Ich wäre schon lange fertig, wenn die Leute hier nicht so … unfähig wären! Die Fortbildung gab es de facto gar nicht. Ich bin hier vollkommen auf mich allein gestellt! Niemand ist für irgendwas zuständig. Und niemand hat eine Ahnung, was das mit dem Projektbericht soll. Wie kann ich da was abliefern?«

»Du denkst, die anderen sind schuld? Du kennst sie doch gar nicht. Du hattest noch keine Gelegenheit, sie richtig kennenzulernen.«

»Dafür bin ich auch nicht hier! Ich wollte den Job bei CHL, ja. Aber ich wollte nicht auf diese Insel!«

»Dann geh doch. Niemand hält dich hier fest. Außer du selbst.«

»Ich hab doch schon gesagt: Ich bin noch nicht fertig! Ich brauche doch das Zertifikat für die Fortbildung! Was ist daran so schwer zu verstehen?«

»Oh, oh, Hannah ist ein wenig ungeduldig«, stellt Lora fest.

»Ein wenig? Ha! Keine Spur von Gelassenheit.« Coco lacht und schwingt dabei nach vorne und nach hinten.

»Hannah, du bist genau da, wo du sein sollst. Du wolltest zu CHL. Du hast es dir nur etwas anders vorgestellt. Das ist alles.«

»Ja, ich weiß«, sagt Hannah. »Ich bin einfach nur – enttäuscht. Ich habe mir irgendwie mehr erwartet.«

Lora hopst auf Hannahs lädiertes Knie und läuft wackelnd Richtung Knöchel.

»Au! Geht's noch?«

Lora hüpft von ihrem Fuß und hängt sich wieder neben Coco an die Stange.

»Erwartet, erwartet, erwartet!«, plappert Lora.

»Wer wartet?«, fragt Coco und legt seinen Flügel um sie.

»Sie wartet!«, krächzt Lora, »...und sie hasst es zu warten.« Dann ist es still, und Hannah ist wieder mit sich und ihren Gedanken alleine. Oder sie hofft es zumindest. Die Papageien haben leicht reden, denkt sie, mit ihren Kalendersprüchen wie ›Nimm dir die Zeit, die du brauchst‹. Aber die zwei Wochen für die Fortbildung sind um! Und ich bin niemand, der Deadlines nach hinten verschiebt. So war ich noch nie. Solange sie sich erinnern kann, war sie eine von den Schnellen, und es fühlte sich gut an, schnell zu sein: Das Frühaufstehen, das Pünktlichdasein, Vordenanderenfertigsein und auch das Inderselbenzeitmehrschaffen. Das war für Hannah immer selbstverständlich. Ja, es hat sich bisher immer für mich gelohnt, so mit meiner Zeit umzugehen, überlegt sie, immer vorwärtszulaufen. Und jetzt bin ich hier auf dieser seltsamen Insel und renne im Kreis.

* * *

»Ein Stück weiter unten auf der Insel, da hinter den Bäumen, ist noch ein anderes kleines Büro.

Ist aber echt stressig dort, und die Leute sind auch total langweilig. Und so schön wie bei mir ist es auch nicht!« Schmollend schob Clarissa ihre Unterlippe vor.

Hannah fand, dass es sehr vielversprechend klang.

»O. k. Dann schau ich mir das mal an.«

»Ich wette, du kommst zu mir zurück! Oder du wechselst ab. Ein paar Tage dort, dann wieder ein paar bei mir!«, schlug sie vor.

»Danke. Ich überleg's mir.« Hannah näherte sich der Tür.

»Sonst sehen wir uns doch gar nicht mehr! Oder weißt du was? Wir könnten uns heute Abend in der Bar treffen. Kennst du die Bar schon?«

»Dieses Haus mit ›Bar – Café – Post‹?«, fragte Hannah.

»Ja, genau dort! Ist nicht viel los, aber ganz gemütlich.«

»Also … warum nicht.« Sie musste an die Worte der Papageien denken. Vielleicht sollte sie sich wirklich die Mühe machen, die anderen ein wenig besser kennenzulernen.

»Gut! Dann sehn wir uns dort!« Clarissa setzte ihre Kopfhörer wieder auf und drehte sich zurück zum Bildschirm. Endlich war das Video mit der Katze und dem Papagei vollständig geladen. Sie hätte es gern ihrer Kollegin gezeigt, aber die war schon gegangen. Sie wollte Hannah nicht aus ihrem Büro vergraulen. Sie wollte neue Freunde finden. Vielleicht war es dafür noch zu früh. Seit sie hier angekommen war, hatte sie sich nur um sich selbst gekümmert. Sie brauchte ihren Freiraum. Sie wollte singen – laut und falsch – und tanzen und Sport machen, und alles was ihr guttat, ohne auf jemanden Rücksicht nehmen zu müssen. Sie brauchte Abstand zu ihrem alten Leben. Die Insel hatte sie gerettet. Und die Musik. Die neuen Playlists machten sie zu einem anderen Menschen. Die Songs bauten sie am Morgen auf und trugen sie durch den Tag. Die alten würde sie nie wieder hören können. Sie waren vergiftet mit schmerzhaften Erinnerungen. Die Refrains bohrten sich in ihr Innerstes und kratzten seinen Namen frei. Und Clarissa wollte seinen Namen weder sehen noch hören, noch denken. Ihr altes Leben hatte sie hinter sich gelassen. Ihre Freundinnen hatte sie hinter sich gelassen. Die, die immer sagten, er wäre ein Arschloch und nicht gut genug für sie gewesen, sie hätte etwas Besseres verdient. Sie sagten das, weil sie meinten, ihr damit einen Gefallen zu tun, der es ihr leichter machte, über die Trennung hinwegzukommen. Aber sie hatten doch keine Ahnung. Sie konnte nicht mehr. Sie konnte keine Selfies und keine Videos mehr posten. Sie konnte noch nicht mal mehr ihre verheulten Augen überschminken.

Sie konnte nicht lachen und nicht posen. Sie wollte ihre Ruhe. Ihren Followern war das egal. Den Firmen war es auch egal, die ihre Produkte zurückforderten und schließlich die Verträge kündigten. Für sie alle hörte sie einfach auf zu existieren. Am Anfang passierte es ihr noch ab und zu, dass sie die alten Zeiten vermisste. Dann scrollte sie ein wenig durch ihre Posts. Bis zum Lippenstift-Tutorial. Das war die Schmerzgrenze. Dann würden Fotos mit ihm kommen. Er sah einfach zu perfekt aus. Sie fragte sich, ob sie alle Männer, die sie in ihrem Leben noch treffen würde, immer mit ihm vergleichen würde. Nikolai zum Beispiel. Er sah nicht schlecht aus, aber im Vergleich zu ihm konnte er einpacken. Mit seinen ungestylten Haaren, die an den Schläfen schon grau wurden, und seiner etwas schiefen Nase. Obwohl ... er könnte so viel mehr aus sich machen, überlegte Clarissa. Aber hier auf der Insel würde das sowieso keine Rolle spielen. Hier war alles egal. Und das war ihr recht. Sie wählte seine Nummer.

»Hey.«

»Hey, Clarissa! Wie geht's dir?«

»Könnte ich heute wieder bei dir schlafen?«

»Ja, geht in Ordnung.«

»O. k. Danke.«

»Bis dann.«

Clarissa war erleichtert. Sie konnte einfach nicht

gut allein sein. Oder vielleicht konnte sie es, aber sie wollte nicht. Nicht jetzt. Und Nikolai schien es ähnlich zu gehen.

6

Hannah hatte mit Clarissa keine Uhrzeit ausgemacht, wann sie sich in der Bar treffen würden. Clarissa hielt sich vermutlich sowieso nicht an irgendwelche Uhrzeiten, mutmaßte sie. Überhaupt schienen auf dieser Insel die Uhren anders zu ticken. Hannah hatte keine Termine, keine Routine, keine Deadlines mehr. Sonst hatte sie immer schon die nächsten drei Schritte im Kopf vorausgeplant. Aber als Gestrandete blieb ihr gar nichts anderes übrig, als ein wenig großzügiger mit ihrer Zeit umzugehen. Also schlug Hannah den sandigen Weg hoch zur Bar ein, irgendwann, als es draußen zu dämmern begann.

Clarissa war noch nicht da und auch sonst niemand, bis auf den Barkeeper und den großen schwarzen Hund, der auf sie zutrabte, um sie zu begrüßen, und einen vertrauten Geruch mit sich brachte. Hannah kraulte ihm die Ohren. Sie spürte sein glattes Fell und so viel Freude und Zuneigung, für nichts als ihre bloße Anwesenheit. »Bella« stand auf der kleinen Marke an dem Lederhalsband. Sie strich mit dem Finger über die Prägung im kühlen Metall. Und zum ersten Mal, seit sie auf der Insel war, betrat Hannah einen Raum, in dem sie sich sofort wohlfühlte. Sie folgte dem Hund zum Tresen.

»So eine Liebe!«, sagte Hannah, als Bella neben ihrem Barhocker Platz nahm.

»Wer?« Der Barkeeper, der gerade den Kühlschrank einräumte, sah auf.

»Bella meine ich. So heißt sie doch, oder?«

»Ach so, Bella.« Er hielt kurz inne.

»Gehört sie dir?«

»Ja, die ist mir zugelaufen.«

Er reichte ihr eine laminierte Getränkekarte herüber.

»Ich bin übrigens Nikolai.«

»Hannah.«

Hannah bestellte sich erst einen Gin Tonic, dann einen Wodka-O und noch einmal einen Gin Tonic. Sie hatte schon lange nicht mehr so viel getrunken. Ein Kater raubte ihr in der Regel zu viel Zeit und Energie. Selbst wenn sie sich mit ihren beiden besten Freundinnen in einer Bar traf, hielt sie sich zurück, weil der nächste Tag schon verplant gewesen war. Aber morgen müsste sie nicht produktiv sein. Sie könnte ausschlafen und den ganzen Tag vertrödeln. Würde es überhaupt jemand bemerken? Sie knabberte die beiden Schüsseln vor sich leer, die mit Erdnüssen gefüllt waren und den leckeren CHL-Keksen, die es immer zum Frühstück gab. Nach und nach kamen weitere Gäste und nahmen an den kleinen Tischen Platz. Das Pärchen, das sie am Strand gesehen hatte. Zwei junge Männer, die sich auf die Stühle fallen ließen. Ein alter Mann im Anzug, der sich eine Zigarre anzündete und durch den ganzen Raum brüllte. Lena, die in den Raum schlich. Und weil Clarissa auf sich warten ließ, plauderte Hannah ein wenig mit Nikolai. Die Bar war sein ganzer Stolz, erfuhr sie, ein lange gehegter Traum. Er war Psychologe, eigentlich. Er war geschieden. Er war gerne auf der Insel. Es gab für ihn keinen Grund zurückzugehen.

»Wie lange bleiben die Leute im Durchschnitt hier auf der Insel?«, hakte sie nach, um das Gespräch nicht auf sich zu lenken.

»Die meisten halten es nur kurze Zeit aus, weil sie mit den vielen Freiheiten überfordert sind«, antwortete er, während er die Gläser spülte. »Die kriegen irgendwann Panik, was zu verpassen, und dann gehen sie wieder.«

Hannah fühlte sich ertappt.

»Ich würde es nicht unbedingt ›Freiheiten‹ nen-

nen«, sie fummelte einen weiteren Keks aus der Plastikfolie, »eher schlechte Organisation.«

»Ansichtssache. Vieles hier ist ziemlich gut organisiert. Und entweder schafft man es, sich nützlich zu machen. Oder man nimmt sich eine kleine Auszeit.«

»Wie Clarissa?«

»Zum Beispiel. Oder man geht eben wieder.«

»Aber interessiert es denn niemanden in der Zentrale, was die Leute hier den ganzen Tag treiben?! Ich dachte, ich wäre für eine Fortbildung hier!«

»Keine Ahnung«, sagte Nikolai nur. »Es gibt da die unterschiedlichsten Theorien. Dass wir so was wie ein blinder Fleck auf der Landkarte von CHL sind. Ein Exil für überschüssige Bewerber. Ein Spezialprogramm für besonders geeignete Bewerber. Die Verdammten, die Auserwählten ... Solche Geschichten habe ich die letzten drei Jahre hier immer wieder gehört. In sämtlichen Varianten.«

»Ja, und?«

»Nichts ›Ja, und?‹! Es ist vollkommen egal, was wir hier machen oder warum. Es gibt keine Konsequenzen. CHL hat Geld. Wir paar Leute hier fallen nicht ins Gewicht.«

»Aber es muss doch einen Grund geben, weshalb wir hier sind!« Hannah bemerkte, dass sie schon ein wenig lallte.

»Tja, weshalb sind wir hier? Sorry, die Antwort, die du hören willst, kann ich dir auch nicht geben«, sagte Nikolai, verdrehte die Augen und wandte sich anderen Gästen zu.

Ihre Frage war doch naheliegend! Wusste er wirklich nicht mehr, oder wollte er es nur nicht sagen? Wäre sie nüchtern gewesen, hätte sich Hannah über sein Verhalten geärgert. Aber durch die Wirkung des Alkohols hatte sich ihr Blickfeld zu einer schummrigen Blase verengt – voll mit Musik und warmem Licht. Wer war sie hier? Die Auserwählte, die Verdammte oder irgendwas dazwischen, überlegte sie gerade, als sie wieder ein Flügelschlagen hörte. Coco und Lora landeten auf dem Stuhl neben ihr. Sie saß in einer Bar, mitten unter der Woche, betrunken, mit zwei Papageien, einem Hund und einem Psychologen als Barkeeper. War sie völlig verrückt geworden? Sie versuchte, die Vögel unauffällig zu verscheuchen. Auf keinen Fall wollte sie in aller Öffentlichkeit mit ihnen sprechen. Coco flatterte auf den Tresen und klaute sich eine Erdnuss, während die anderen Gäste die riesigen Vögel gar nicht zu sehen schienen. Lora schmiegte ihr rotes Köpfchen an Bellas Schnauze.

Nikolai werkelte wieder hinterm Tresen herum. Lena ging zu ihm. Wie in Zeitlupe. Sie bewegte ihre Lippen, aber Hannah verstand nur, was er ihr antwortete, als würde sie ein Telefonat belauschen.

»Klar, gerne!

…

Ich sammle nur die Rechnungen.

…

Die Kasse kann ich dir zeigen.

…

Das Lager ist da hinten.

…

Jederzeit.

…

Nein, ist nicht eilig.

…

Nein, lass dir ruhig Zeit!

…

Freut mich! Bis morgen.«

Kurz stellte sich Hannah Lena als unerträglich langsame Kellnerin vor. Aber nein, sie war ja Buchhalterin! Und während ich hier sitze und mich betrinke, als wäre ich im Urlaub, hat sie ihre Stelle gefunden! Oder hatte Nikolai sie ihr sogar angeboten? Statt sich für Lena zu freuen, spürte Hannah plötzlich Wut und Übelkeit in ihrem rumorenden Magen. Wie sollte es ihr gelingen, gelassen zu sein, wenn andere sie überholten? Wenn andere Gelegenheiten nutzten, die sie übersah? Die Bar wäre ein spannendes Projekt gewesen! Nun, als Hannah schon gar nicht mehr mit ihr gerechnet hatte, kam Clarissa durch die Tür. Sie schickte ein Lächeln voraus zur Bar, das Nikolai erwiderte. Wie konnte man nur immer so gut gelaunt sein? Hannah musste an die vielen Selfies denken, die Clarissas Büro schmückten. Bella lief auf Clarissa zu, um sie zu begrüßen, aber Clarissa ignorierte den Hund nicht nur, sie lief einfach durch ihn hindurch, als wäre er Luft. Hannah wurde es zu viel, sie sah sich Hilfe suchend zum Barkeeper um. Er wich ihrem Blick aus, wie er vorhin ihrer Frage ausgewichen war, und spülte weiter Gläser. Hannah rutschte vom Barhocker und steuerte in ihrer schummrigen Blase an Clarissa vorbei auf den Hund zu und strich ihm vorsichtig über den Kopf, über das glatte, warme Fell. Er war doch da! Sie war da! Was lief hier falsch? Es fühlte sich an, als würde sie träumen. Es machte alles keinen Sinn! Hannah konnte nicht mehr unterscheiden, was wirklich war und was nicht – die Menschen, die Tiere, die Bar, sie selbst? Panik beschleunigte ihren Puls. Ihre Füße fühlten sich schwer an. Sie ging hinaus, ohne sich noch einmal umzudrehen.

»Was war das denn?«, fragte Clarissa Nikolai.

»Das Übliche … und sie hat ein bisschen zu viel getrunken«, sagte er nur. »Ich bin mal im Lager.« Nikolai überlegte kurz, ob er Hannah folgen sollte, um zu sehen, ob sie auch wirklich in ihren Bungalow ging und nicht auf der Insel herumirrte. Dann fiel ihm wieder ein, warum er nicht als Psychologe arbeiten wollte. Er lehnte die Verantwortung, die der Beruf mit sich brachte, ab. Er konnte den Leuten dort nicht helfen, und er konnte es hier auch nicht. Er war gut darin zuzuhören. Und das war es auch schon. Er war in einer Bar besser aufgehoben als in einer Praxis. Nur eines würde ihn noch die ganze Nacht beschäftigen: dass Bella für Hannah genauso real war wie für ihn.

***

Die Sonne weckt Hannah viel zu früh. Sie lässt ihre Augenlider fest geschlossen, um die Kopfschmerzen auszusperren. Die Laken sind nass geschwitzt, der Rachen ist trocken. Sie versucht, den Durst zu ignorieren, und die Gefühle, die nach und nach aufkommen, einzelnen Bildern zuzuordnen: Die gemütliche Bar. Bella, die mich begrüßt. Nikolai, der von sich erzählt. Ein paar Drinks, die sie scheinbar nicht gut vertragen hat. Lena fällt ihr noch ein, mit einem unangenehmen Beigeschmack, den sie sich nicht erklären kann. Ein Bild der Papageien flackert auf. Sie tastet sich zu den Erinnerungslücken vor, die ihr groß und dunkel und unangenehm erscheinen. Clarissa ist lange nicht gekommen. Hat sie sie mit Absicht warten lassen? Ich war alleine. Nikolai wollte mir keine Antworten geben. Die Auserwählten. Die Verdammten. Er verschweigt mir etwas. Sein Lächeln bekommt in ihrer Erinnerung etwas Bedrohliches. Er hat etwas mit Lena besprochen. Aber darauf scheint es nicht anzukommen. Da war noch etwas anderes. Und plötzlich läuft ein kleiner Film in ihrem Kopf ab: Clarissa und Bella. Und nochmals: Clarissa und Bella und sie selbst, wie sie panisch die Bar verlässt. Clarissa, Bella, ihre Angst, Nikolai, der sie ignoriert. Hannah alleine mit ihrer Angst in der Bar – umgeben von Menschen, die nicht sehen, was sie sieht. Oder es nicht sehen wollen. Eine Angst, die zurückkommt und sie in ihrem Bett überfällt. Was war das? Was passiert hier? Hat mir jemand etwas in den Drink getan? Nikolai? Hannah steht auf und geht, noch etwas wackelig auf den Beinen, zur Tür. Sie späht in den Flur. Das Frühstückstablett steht dort, auf dem Tischchen. Frau Bergé-Patt wollte mich also nicht wecken. Wusste sie, dass ich gestern in der Bar war? Woher? Auf dem Tablett liegt der Keks mit dem CHL-Logo. Die Kekse. Die Papageien. Seit ich auf der Insel bin, fühle ich mich komisch, als hätte man mich unter Drogen gesetzt. Hannah schließt die Tür, lehnt sich dagegen. Die Angst drückt auf ihren schweißnassen Brustkorb. Was hat Frau Bergé-Patt damit zu tun? Und Nikolai? Ist das irgendein psychologisches Experiment? Dann sind Paolo und Clarissa bestimmt auch eingeweiht. Alle sind eingeweiht. Alle wissen es. Hannah wird es zu eng zwischen ihren Rippen. Ihr wird es zu eng im Bungalow. Sie muss einen Schluck trinken. Das Wasser aus dem Wasserhahn hat einen eigenartigen Geschmack. Es klopft an der Tür. Hannah rührt sich nicht vom Fleck. Macht keinen Mucks. Ich muss hier weg. Weg von dieser Insel, sofort, denkt sie. Und wenn sie mich nicht gehen lassen? Schritte, die sich entfernen. Sie macht ihren Koffer auf, legt ihre Schuhe hinein. Scheiß auf die Schuhe. Wo ist mein Geld? Wo hab ich …? Wer hat …? Hannah wird schwindelig. Ihre Lunge pumpt. Ihr Gesicht glüht. Sie muss sich hinsetzen. Es klopft wieder. Lauter. Näher. Sehr nah. Coco hämmert mit dem Schnabel gegen den Bettpfosten.

»Suchst du den hier?«

Lora zieht den Geldbeutel unter Hannahs T-Shirt hervor.

Hannah schweigt.

»Warum gehst du immer, immer, immer vom Allerschlimmsten aus?«, fragt Coco und hopst auf sie zu. »Das war eben nur Clarissa, die nach dir schauen wollte.«

»Lasst mich verdammt noch mal in Ruhe!« Hannah steht umständlich vom Boden auf und geht wieder zum Wasserhahn, um zu trinken.

»Wir sollen dich alleine lassen? Ich glaube, das ist keine gute Idee.«

Hannah schlägt mit der Hand auf den Tisch.

»Dann erklärt mir doch bitte mal, was hier abgeht!«

»Na ja«, krächzt Lora, »Wie Nikolai schon sagte, das ist nicht so einfach. Keiner weiß Genaueres darüber. Aber das macht eigentlich auch nichts.«

»Und wie seid ihr euch da so sicher?«

»Sicher sein kann man sich nie! Nie! Nie!«, sagt Coco, und sein Gehopse macht sie ganz schwindelig. »Aber du könntest ein bisschen mehr darauf vertrauen, dass die anderen, genauso wie du, versuchen, hier einigermaßen gut zu leben.«

»Du verträgst nicht so viel Alkohol, und du hast zu viele Kekse gegessen. Das ist keine Verschwörung!« Lora plappert aus, was Hannah nicht hören wollte. »Die Kekse sind vollkommen in Ordnung, das Wasser auch und die Leute sowieso! Das ist alles nur in deinem Kopf!«

»Dann erklärt mir das mit Bella! Oder warum ich euch sehen kann und die anderen nicht!«

»Haha!« Coco hört endlich auf herumzuhüpfen. »Also das, das liegt an der Insel! Das macht die Insel ganz alleine!«

»Erklärt es mir!«

»Nein, das kann man nicht erklären. Das musst

du selber erleben. Auf das Abenteuer musst du dich einlassen! Für magische Inseln gibt es keine Gebrauchsanleitung! Wäre sonst ja langweilig!«

Und Lora fügt hinzu: »Und jetzt sag bloß nicht, du hättest keine Zeit für solche Spielchen! Das Thema hatten wir schon.«

Hannah verdreht die Augen.

»Du bist hier sicher, Hannah. Wenn du ruhig bleibst. Wenn du Vertrauen hast. In dich und andere. Und in die Insel. In die magische Insel!«

»Mittlerweile lässt mich sogar meine Wahrnehmung im Stich! Das ist doch völlig … verrückt!«

Lora landet auf ihrer Schulter und flüstert ihr ins Ohr: »Du hast eine neue Herausforderung gesucht, und hier ist sie. Es ist nicht einfach zu vertrauen. Aber es wäre schon ein wenig leichter, wenn du aufhören könntest, in Kategorien zu denken wie Richtig und Falsch, Echt und Unecht, Gut und Schlecht, Freund und Feind, Alles oder Nichts. Meistens ist es doch irgendwas dazwischen. Kannst du dir vorstellen, wie gigantisch groß dieses Dazwischen sein kann?«

»Pff! Was soll das sein, das Dazwischen? Die Grautöne? Das Lauwarme? Mittelmäßigkeit? Ungewissheit? Ganz toll!«

»Nein, nein!«, ruft Coco. »Im Dazwischen liegen Möglichkeiten! Im Dazwischen findest du Umwege und Trampelpfade, Erwartung, Erholung, Vorfreude, Hoffnung, Spielraum und Freiraum. Im Dazwischen verstecken sich viele schöne Momente! Wer das Dazwischen genießt, genießt das Leben. Im Dazwischen bist du genau richtig.«

Und bevor Hannah widersprechen kann, sind die beiden auch schon wieder verschwunden.

Unter der Dusche denkt sie an die Worte der Papageien. Eine magische Insel – was soll das sein? Eine Insel, die mich Sachen sehen lässt, die nicht da sind? Ja, vielleicht. Ist es das, was ich hier auf der Insel wiederfinde? Unsichtbare Freunde? Ein wenig Magie? Fantasie, die verloren ging? Nein, an Fantasie mangelt es mir nicht. Wie oft male ich mir Situationen aus, die so nie passiert sind und auch nie passieren werden. Immer und immer wieder gehe ich Gespräche durch. Stelle mir vor, was ich stattdessen hätte sagen können, sollen, müssen. Was ich in Zukunft sagen könnte oder machen müsste. Und dann spiele ich alle Konsequenzen durch. Es ist, als wären all die Monster und die Bösewichte aus meiner Kindheit noch da und plötzlich unbesiegbar. Was mir fehlt, ist die Zuversicht, die ich einmal hatte. Dass es gut wird, irgendwie. Dass ich mich befreien kann, wenn ich feststecke. Dass ich Einfluss darauf habe, wie es ausgeht. Und nicht nur wie gelähmt dabei zusehen kann, wie alles den Bach runtergeht. Ich sehe Probleme, wo keine sind. Ich verdächtige Menschen, die mir nichts Böses wollen. Weil sie nicht schlecht sind und nicht gut, sondern nur sie selbst.

Als Hannah sich abtrocknet, fällt ihr ihr Knöchel ein. Die Schwellung ist schon längst zurückgegangen, aber nun scheint auch der letzte Rest Schmerz verflogen zu sein. Vorsichtig lässt sie ihren Fuß kreisen. Und spürt nichts. Sie setzt ihn ab, verlagert das Gewicht. Nichts. Alles in Ordnung. Alles verheilt. Sie geht die paar Schritte aus dem Badezimmer heraus und fragt sich, ob sie nicht sogar gestern noch humpelte.

7

»A324 nehme ich.«

»B496!«

»A784 noch mal!«

»Ja, ja, das dachte ich mir schon!«

»A554«, sagte Hannah, weil sie glaubte, dass sie es musste. Nach zwei Tagen im neuen Büro hatte sie die Abläufe noch immer nicht ganz verstanden. Aber sie mochte die Dynamik und die Motivation ihrer neuen Kollegen. Die Tage vergingen wie im Flug. Für Gedanken war kein Platz. Es fing immer damit an, eine Akte zu wählen. Ihre Kollegen rissen sich geradezu darum, als Erstes eine Nummer zu rufen, sobald neue Aufgaben im Taskpool auftauchten. Auch wenn jeder von ihnen schon sechs Akten auf dem Tisch liegen hatte.

Jill hievte sich aus ihrem Schreibtischstuhl und holte eine neue Kanne Kaffee aus der Küche. Die fünfte für heute. Hannah lehnte dankend ab und fragte sich, wie man so achtlos mit seinem Körper umgehen konnte.

»Wo bleibt denn die Harumi wieder?«, rasselte Jills Stimme über die vier Schreibtische hinweg. Die Praktikantin lief jede Stunde mit einem Stapel abgeschlossener Aufgaben zu einem gewissen Herrn Albert, um sie abstempeln zu lassen. Er schien sich irgendwo anders auf der Insel aufzuhalten. Und wenn etwas ungestempelt zurückkam, musste der Nächste in der Reihe die Akte übernehmen und von vorne beginnen.

»Mensch! Ich kann doch sonst mit der Akte nicht weitermachen! Wir bräuchten den Leon wieder! Der war schneller. Kaffee, Bodo?« Jill stemmte ihm die Kanne entgegen.

»Nee, nee. Danke!«

Sie stellte die Kanne zwischen ihrem überquellenden Aschenbecher und einer Schüssel mit CHL-Keksen ab. Hannah hatte die Kekse seit dem Abend in der Bar nicht mehr angerührt. Auch wenn sie den Papageien glaubte, dass die Kekse unbedenklich waren und sie ihre Verschwörungstheorie inzwischen selbst etwas lächerlich fand, konnte sie sich irgendwie nicht überwinden.

Hannah saß neben Bodo. Bodo war so klein und hager, als könnte ihn der Luftzug aus der Klimaanlage von der Stuhlkante wehen, auf der er saß. Er ging immer ans Telefon, bevor man es richtig klingeln hören konnte und sagte dann meistens nicht viel mehr als »Ja, ja« und »Nee, nee«. Und so beantwortete er auch Hannahs Fragen, während er dabei weiter auf seiner nikotingelben Tastatur herumtippte.

»Soll ich den Bericht für die Akte ausdrucken?«

»Ja, ja.«

»Und dann abheften?«

»Ja, ja.«

»Ich faxe aber nur den Bericht, oder? Nicht den Antrag …«

»Nee, nee. Erst stempeln!«

»Beides?«

»Nee, nee.«

Harumi kam zurück. Sie lächelte immer. Aber ihr Lächeln variierte. Oft war es ein entschuldigendes: Viele der Dokumente würden nicht gestempelt sein, und sie müsste sie wieder austeilen.

»Das gibt's ja nicht! Scheibenkleister!«, sagte Christine, steckte die abgelehnten Blätter in den Schredder und legte ihre Akten auf Bodos Stapel.

Hannah atmete auf, als Harumi zwei ihrer Akten einsammelte, und lächelte zurück. Also wurden ihre Aufgaben endlich abgesegnet! Gestern wurde alles abgelehnt, was sie bearbeitet hatte, und landete auf Jills Schreibtisch. Hannah hatte immer noch ein schlechtes Gewissen ihrer Kollegin gegenüber, denn man durfte nur Feierabend machen, wenn weniger als fünf Akten auf dem Schreibtisch lagen.

Auch Jill und Bodo fingen an zu schreddern und reichten ihre Akten weiter, die in hellgrauen Mappen steckten. Hannah war jetzt für drei weitere zuständig. Eine davon hatte sie schon heute Morgen bearbeitet. Was sollte sie jetzt anders machen? Ein Fenster ploppte auf ihrem Bildschirm auf. Darin rote Buchstaben und Zahlen.

»B212, bitte.«

»A894.«

»A510, wenn's sein muss.«

»B374.«

Und das Spiel begann von vorne.

Entgegen ihrer Erwartungen steigerte sich Hannahs Leistung in den nächsten Wochen kaum, obwohl sie von acht Uhr morgens bis mindestens acht Uhr abends nichts anderes tat. Sie hatte keine Erklärung dafür, weshalb manche ihrer Vorschläge abgelehnt wurden und manche nicht. Und bei ihren Kollegen, die viel mehr Erfahrung als sie haben müssten, war die Quote auch nicht viel besser. Abends hatte sie Probleme einzuschlafen, weil die Akten in ihrem Kopf herumspukten. Sie suchte nach Parallelen. Nach Mustern. Aber sie fand keine. Und wenn sie dann endlich einschlief, blinkten im Traum rote Aktenzeichen vor ihr auf. B487, A290, A09, Harumis durchschaubares Lächeln. Gänsehaut von der Klimaanlage. Das Geräusch des Schredders. Im Traum versuchte sie, immer die Blätter der anderen aus dem Schredder zu ziehen. Aber es war jedes Mal zu spät. Nie konnte man ihre Lösungsvorschläge lesen. Und manchmal gerieten ihre Hände hinein. Ihre Finger, die sie inzwischen schon wieder wund gezupft hatte. Dann verschluckte sie der Schredder ganz, und sie wachte auf.

»Warum müssen wir die schreddern?«, fragte sie Jill.

»Das sind sensible Daten, Liebes! Und was meinst du, wie es hier sonst aussehen würde! Stapelt sich doch so schon genug!«

»Wir hätten eh keine Zeit, das alles zu lesen. B263!«, rief Christine.

»B750«

»A999«

»B868. Aber kann man nicht wenigstens bei Herrn Albert nachfragen, warum er …?«

»Nee, nee!«, entfuhr es Bodo.

»Um Gottes willen, nein! Wir müssen froh sein, dass er das alles überhaupt immer so schnell stempelt!« Jill drückte ihre Zigarette aus, als würde sie damit ihre Akte abschließen.

»Aber …«

»Nichts aber! Du hast doch inzwischen verstanden, wie das funktioniert, oder? Du machst das doch auch gar nicht schlecht! Was ist denn dein Problem?« Jills Stimme hatte so schon etwas sehr Dominantes, aber nun hörte Hannah deutlich, dass sie mit ihren Fragen zu weit gegangen war. Fragen, die – wie sie fand – eine Berechtigung hatten.

Als Harumi hereinkam, war für die anderen das Gespräch beendet und Hannahs Motivation verflogen. Die Akten waren ihr mit einem Mal völlig gleichgültig. Als Christine sich um halb neun auf vier Mappen heruntergearbeitet hatte und Feierabend machte, ließ Hannah ihre zwei überzähligen Akten unterm Schreibtisch verschwinden und folgte ihr nach draußen.

»Findest du die Arbeit nicht manchmal etwas … frustrierend?«, fragte sie sie.

»Doch, schon! Dieser Stress immer!«, antwortete Christine und drückte an ihrem toupierten Hinterkopf herum. »Aber was will man denn sonst machen! Man findet in meinem Alter nichts anderes mehr! Wenn man einmal über fünfzig ist, dann ist es sowieso vorbei.«

»Und wenn du dir intern etwas anderes suchst? Also hier auf der Insel?«

»Ach was! Als ob das so einfach wäre! Letztens war ein Teamleiter bei uns. Wiedemann hieß er. Der dachte tatsächlich, er könnte in unserer Abteilung irgendwelche Prozesse optimieren. Nach nicht einmal einer Woche war er wieder weg, der Wichtigtuer! Der erzählte uns auch, er könnte jetzt einfach in eine andere Niederlassung wechseln, oder so. Wie kommt man denn auf solche Ideen? Außerdem funktioniert in unserer Abteilung alles einwandfrei.«

»Ja?«, hakte Hannah nach, während sie versuchte, sich Herrn Wiedemanns fassungsloses Gesicht in dem Moment vorzustellen, als Jill, Christine und Bodo ihn einfach abblitzen ließen.

»Obwohl ...« Christine hielt inne. Dann senkte sie ihre Stimme und beugte sich zu Hannah vor, als wolle sie ihr etwas anvertrauen. »Manchmal geraten Akten ins System, die wir schon vor Monaten bearbeitet hatten. Gleiches Zeichen, gleicher Inhalt! Das ist dann ein bisschen komisch ... aber die machen wir dann eben noch einmal.«

»Moment. Genau dieselben Akten?« Hannah war sich nicht sicher, ob sie richtig verstanden hatte. »Also dieselben Anträge von denselben Kunden? Wie soll das denn gehen?«

»Ich weiß es auch nicht! Und stell dir vor, wenn man die Kunden dann anruft, sagen sie sogar das Gleiche wie beim letzten Mal! Ist das nicht total verrückt?« Christine begann zu lachen. »Aber man muss ja nicht alles verstehen, oder? So, ich gehe dann mal, ist wieder spät geworden heute. Bis morgen!«

»Bis morgen!«, sagte Hannah und sah ein, dass sie auch in dieser Abteilung nichts erreichen würde.

***

Herr Wiedemann legte die schwarze Projektbox auf seine Hemden und klappte den Koffer zu. Seine Arbeit hier war getan. Zwei volle Monate hatte er auf dieser Insel verschwendet. Gleich morgen würde er die erste Fähre nehmen, vom Hafen aus ein Taxi zum Flughafen, dort noch ausgiebig frühstücken und sich die Beträge dann von CHL erstatten lassen. Ganz sicher würde er nicht mehr in diese rote, zugemüllte Sauna steigen. Und die Projektbox würde er persönlich in der Zentrale abgeben und nicht dem Jüngling an der Rezeption ausliefern, der sich für einen Künstler hielt. Alles hier war eine Zumutung. Und dank seines Berichts würde die Zentrale nun endlich darüber informiert werden, was hier für Zustände herrschten. Eigentlich müsste er ein Extra-Monatsgehalt dafür aushandeln, dass er diese kostenfressende Insel mit ihren unproduktiven Bewohnern auffliegen lässt. »Eine Schließung der Niederlassung ist unumgänglich«, lautete das Fazit seiner umfassenden Analyse, die er CHL zur Verfügung stellen wird. Alle Bemühungen von seiner Seite, hier vor Ort so etwas wie Strukturen zu etablieren, waren gescheitert. Er blickte in den Flur, um zu kontrollieren, ob er etwas vergessen hatte. Aber da war nichts. Außer – ja, da lag wieder einer! Einer dieser alten, kaputten Fußbälle, wie er sie seit seiner Ankunft fast jeden Tag auf der Insel rumliegen sah. An den unmöglichsten Orten. Aber dass die Leute hier keinen Sinn für Ordnung hatten, wunderte ihn nicht. Er öffnete die Tür des Bungalows und kickte den Eindringling hinaus.

8

Der Kieselstein in ihrer Hand fühlt sich warm und samtig an. Hannah betrachtet seine matte Oberfläche noch einmal im Sonnenlicht und wirft ihn dann in die herankriechenden Wellen. Und dann noch einen. Und noch einen. Ich bin die Akten los, denkt sie, einfach so, ich habe mich verabschiedet, und das war es mit dieser Abteilung. Wieder hat sich kein Projekt für mich ergeben. Leere Tage liegen vor ihr, und sie ist sich nicht sicher, ob sie sich davor fürchten oder darauf freuen sollte. Ich werde wieder besser schlafen können, überlegt sie, wieder die Energie haben, in die Bar zu gehen, Leute zu treffen. Ja, sie haben mir fast ein bisschen gefehlt in der Zeit, die ich in dem verqualmten Büro verbracht habe. Es war fast wie bei meinen letzten Jobs. Fremde Städte. Keine Zeit und Lust, mich nach der Arbeit noch aufzuraffen. Um irgendwas zu tun. Oder irgendwen zu sehen. Arbeiten, essen, schlafen. Vielleicht lassen sich Jill, Bodo und Christine deswegen so mit Akten zuschütten. Weil sie dann ihre Ruhe haben vor … was auch immer sie verfolgt.

Die Papageien sind weg, fällt ihr auf. Sie sind so unvermittelt verschwunden wie der Schmerz aus ihrem Knöchel. »Kommt doch her«, ruft Hannah in den lauen Wind, der nach Salz und Algen riecht. »Ich weiß doch, dass ihr hier irgendwo seid.«

Als sie ihre Hand ausstreckt, um weitere Steine zu sammeln, hält ihr Lora mit dem Schnabel einen Kiesel entgegen.

»Dann kann Coco auch nicht weit sein.«

Lora legt den Stein in Hannahs Handfläche.

»Wir sind stolz auf dich.«

»Wieso? Weil ich hingeschmissen habe?« Sie lacht.

»Ja! Weil du siehst, dass das nicht deine Abteilung ist. Dass du so nicht arbeiten und leben willst.«

»Ich versteh nur die Leute nicht.«

»Welche Leute schon wieder?« Coco ist neben Lora gelandet und plustert sein Gefieder auf.

»Alle Leute hier. Die einen machen irgendwie gar nichts oder zumindest nichts Richtiges …«

»Wann ist etwas ›was Richtiges‹ und wann nicht? Hm?«, fragt Coco.

»Lässt du mich bitte ausreden? Danke! Und die anderen machen irgendwas, das überhaupt nicht sinnvoll ist. Jahrelang! Ohne es zu hinterfragen.«

»Woher willst du wissen, ob das für sie sinnvoll ist oder nicht? Wenn sie es doch freiwillig tun ...«

»Ihr geht mir jetzt schon wieder auf die Nerven!«

»Wir hinterfragen nur«, krächzt Lora.

»Es ist doch ganz gleich, ob du die Leute verstehst oder nicht. Lass sie literweise Kaffee trinken, rauchen, Kekse futtern und Akten bearbeiten – oder faul am Strand herumliegen und ihr Leben genießen! Wenn es das ist, was sie wollen«, sagt Coco. »Das hat doch gar nichts, überhaupt gar nichts mit dir zu tun.«

»Natürlich hat es was mit mir zu tun!« Hannah wird lauter. »Das ist einfach nicht gerecht!«

»Oh, jetzt wird sie wieder sauer!«, sagt Coco zu Lora. »Was ist nicht gerecht? Was meint sie denn damit? Dass sie die hohen Erwartungen, die sie an sich selbst stellt, nicht auf andere übertragen kann?« Dann spricht er wieder zu Hannah: »Es geht dich nichts an, was die anderen hier leisten. Wie viel die anderen leisten. Oder ob sie ihr Geld wert sind. Das ist nicht deine Aufgabe. Außerdem: Was hast du denn ›geleistet‹, seit du hier bist? Hmm? Hmm? Zeig doch mal!«

»Ich versuche es zumindest! Und ich habe wenigstens ein schlechtes Gewissen!«

»Oho! Nicht nur, dass du den anderen keine gute Zeit gönnst. Du hast ein schlechtes Gewissen und bist auch noch stolz darauf? Es ist schlimmer, als ich dachte! Ein großes, ekelhaftes schlechtes Gewissen wegen nichts und wieder nichts! Dafür bekommst du hier keine Beförderung, keine Gehaltserhöhung, nichts! Außer schlechte Laune.«

»Ich will doch nur meine Arbeit gut machen! Was soll daran falsch sein?«

Lora landet auf ihrem Lieblingsplatz, Hannahs linker Schulter, zupft mit dem Schnabel sanft an ihrem Ohr und flüstert dann hinein:

»Was dir leichtfällt, fällt anderen schwer. Was anderen leichtfällt, fällt dir schwer. Manchmal hat man ganz unterschiedliche Prioritäten.«

Coco lässt sich auf ihre andere Schulter plumpsen.

»Apropos Prioritäten: Was meinst du, wie unbegreiflich es für deine Tante ist, dass du in deinem Alter noch nicht verheiratet bist und keine Kinder hast. Sie würde sich an deiner Stelle furchtbar schämen!«

»Das ist etwas völlig anderes!«, empörte sich Hannah. »Nein, ist es nicht. Manchmal sieht man durch die anderen seinen eigenen Lebensentwurf bedroht oder zumindest infrage gestellt. Deine Tante durch dich. Du durch manche Menschen hier auf der Insel, die die Dinge anders sehen als du, die etwas können, was du nicht kannst: Entspannen. Loslassen. Sich selbst etwas Gutes tun.«

Die beiden Vögel fliegen wieder aufs offene Meer hinaus, und Hannah hätte ihnen ihr schlechtes Gewissen gerne mitgegeben. Ich will doch nur alles richtig machen, überlegt sie. Und solange ich nicht weiß, dass ich auf dem richtigen Weg bin, kann ich mich doch nicht entspannen! Sich etwas Gutes tun ... das muss man sich erst verdienen, oder nicht? O.k., was die anderen machen, geht mich nichts an. Sie müssen die Konsequenzen dafür tragen und nicht ich. Aber gibt es überhaupt Konsequenzen? Für wen strenge ich mich an und wozu – wenn alles hier auf der Insel im Sand verläuft? Wofür hab ich mich überhaupt mein ganzes Leben lang so sehr angestrengt? Um es hierher zu schaffen?

Hannah denkt zurück. Sie hat es nie anders gelernt. Erst die Arbeit, dann das Vergnügen. Sie hatte ihre Ziele und Prioritäten immer klar vor Augen. Und jetzt sitzt sie hier und betrachtet sie von allen Seiten: Sie erscheinen ihr trüb und schwer und fühlen sich unpassend an. Als wären es auf einmal nicht mehr ihre eigenen. Als hätte man sie ihr untergeschoben. Die ersten Sterne tauchen am Himmel auf und funkeln sie an. Was ist noch übrig?, fragt sie sich. Und was bleibt von mir selbst, wenn ich nicht so weitermachen will wie bisher? Was verliere ich? Sie zieht ihr Smartphone aus der Tasche und scrollt durch ihre Kontakte. Liebe Menschen, die mir zuhören würden und etwas sagen, das mir guttäte. Die mir zurückschreiben würden. Versuchen würden, mir Ratschläge zu geben. Aber sie sind nicht hier, auf der Insel. Sie wissen nicht, was hier mit mir geschieht. Sie können keine Entscheidungen für mich treffen, keine neuen Ziele für mich finden. Hannah öffnet die einzige App, die ihr heute noch helfen kann: die Taschenlampe, um sicher zurück zu ihrem Bungalow zu finden.

***

Was war nur heute los, dachte Nikolai. Er ging noch eine Runde mit Bella spazieren, um seine Anspannung abzuschütteln. Die Leute auf der Insel bereiteten ihm Sorgen. Und heute gerade die, von denen er es nicht erwartete. Um fünf Uhr war er aufgewacht. Er hatte Schreie gehört. Wütende Schreie. Sofort war er nach draußen gerannt. Giovanna hatte auf den Felsen gestanden und sich die Seele aus dem Leib gebrüllt. Er befürchtete schon, dass sie sich etwas antun könnte. Aber als sie Nikolai bemerkt hatte, war sie von den Felsen heruntergestiegen und hatte gelächelt, als wäre nichts gewesen. Sie war zu ihm gegangen, hatte seinen Arm getätschelt, und dann war sie zurück zu ihrem Bungalow gestapft, als wäre sie immer noch wütend und könnte jederzeit wieder die Beherrschung verlieren, wenn man sie ansprechen würde.

Wenige Stunden später hatte Frau Bergé-Patt wie jeden Morgen die Post, die mit der ersten Fähre ankam, in die Bar gebracht. Nikolai war gerade aus dem Lager gekommen und hatte sie im Türrahmen stehen sehen: einen Brief in der Hand, Tränen auf der Wange, eine Faust auf die Lippen gepresst. Er wusste, dass sie so nicht gesehen werden wollte. Also hatte er sich sofort wieder umgedreht. Mit dem Quietschen der sich schließenden Lagertür war sie nach draußen gerannt, ins Auto gestiegen und weggefahren.

Und gerade eben hatte er schon wieder Geschrei am Strand gehört. Hannah hatte mit jemandem diskutiert. Mit jemandem, den er nicht sehen konnte. Giovanna und Frau Bergé-Patt hätte er nie angesprochen, weder heute noch irgendwann anders. Bei Hannah hatte er kurz gezögert. Er wusste nicht, ob sie mit jemandem auf der Insel befreundet war, an den sie sich wenden konnte. Er hatte sie in den letzten Wochen kaum gesehen. Als Hannah aufgehört hatte zu reden, war er weitergegangen. »Sie soll bloß nicht glauben, dass ich sie belausche, oder?«, sagte er zu Bella, ging in die Hocke, und als er sie streichelte, schmiegte sie ihren Kopf an seinen. Wie froh er war, dass er sie hatte!

»Aber mich würde schon interessieren, mit wem sie geredet hat. Und warum kann sie dich sehen? Erklär mir das mal!« Aber Bella konnte nichts erklären. Sie wollte spielen und sprang an Nikolai hoch, bis er nach hinten umfiel und sich lachend mit ihr auf dem Boden wälzte.

»Was machst du denn da?«

Clarissa stand neben ihm und lachte.

»Alles in Ordnung?«

»Ja, ja. Alles gut.« Er stand auf und wischte sich den Staub von seiner Hose.

»Ich hab dich schon gesucht! Puh, vielleicht solltest du duschen«, sagte sie, nahm seine Hand und ging mit ihm zu seinem Bungalow.

9

Die Töne, die der Wind von der Bar herüberwehte, klangen belegt, als würde man sie aus einem verstopften Instrument herauspressen. Als Hannah durch die Tür schlüpfte, stellten sich die Härchen an ihren Unterarmen auf. In der Mitte des Raumes stand ein Mann mit einer Querflöte. Auf einer freien Fläche, als wären die Holztische um ihn herum vor seinen Tönen zurückgewichen. An der Bar saß Sven. Seine Haare waren derartig zerzaust, dass Hannah ihn fast nicht erkannt hätte. Er hatte die Ellenbogen auf den Tresen gestützt und den Kopf zwischen seinen Händen vergraben, als versuchte er, sich zu verstecken und dabei unauffällig seine Ohren zuzuhalten. Hannah überlegte gerade, ob sie nicht besser wieder gehen sollte, als Nikolai sie entdeckte und zu sich herüberwinkte.

»Ich habe schon befürchtet, du seist abgereist! Möchtest du etwas trinken?«

»Nur ein Wasser, bitte«, sagte Hannah und unterdrückte ein Gähnen.

»Du kommst genau richtig zu Charlys erstem Privatkonzert!«

Charly sah so aus, wie sie sich einen professionellen Flötisten vorstellte: die aufrechte Haltung, der geneigte Kopf, der steife Hemdkragen, vor ihm der Notenständer. Aber der Ton passte nicht zum Bild. Sven hing über einem Whiskyglas.

»Alles in Ordnung?«, fragte Hannah ihn.

»Nein«, erwiderte Sven. Ihr kurzes Schweigen wurde von einem grellen, hohen E übertönt. Er trank einen Schluck. »Herr Wiedemann ist abgereist. Mit meinem Projektbericht. Alles futsch. Ich bin so im Arsch«, fing er an. »Alles weg. Alles! Ich würde am liebsten hinschmeißen. Aber das kann ich doch nicht bringen, verdammt! Weißt du, mein Vater, der – Nikolai, ich nehm noch einen! – mein Vater hat mir diese Stelle hier verschafft, als Einstieg. Ich dachte, klar, ich pack das. Und jetzt diese Scheiße!«

Er knallte das leere Glas auf den Tisch. Hannah mochte Sven von Anfang an nicht besonders gerne. Sein anbiederndes Verhalten. Seine vorlauten Kommentare. Und nun hat es ihn niedergestreckt. Sie hätte Schadenfreude empfinden können. Oder Genugtuung, dass sie auf ihr Bauchgefühl gehört und sich von Herrn Wiedemann ferngehalten hatte. Sie hätte zumindest beruhigt sein können, dass es ihm nun nicht besser erging als ihr. Aber stattdessen hatte sie Mitleid mit ihm. Sie wusste nicht, was sie sagen sollte. Sven schien auch keine Antwort von ihr zu erwarten. »Ich hoffe, ich kann mir das zumindest als Praktikum bescheinigen lassen«, murmelte er in Richtung Tresen. Dann hielt er wieder seinen Kopf fest und starrte in das leere Glas.

Charly hörte endlich auf zu spielen und verbeugte sich tief. Nikolai applaudierte. Bella steckte ihren Kopf zur Tür herein.

»Schon viel besser, oder?«

»Auf jeden Fall besser!«, sagte Nikolai.

»Macht nicht so viel Spaß wie die Tuba, finde ich. Vielleicht mach ich bald wieder mit der Tuba weiter, aber das sehen wir dann«, überlegte Charly laut, legte seine Querflöte behutsam auf einem der Tische ab und setzte sich dann auf den Barhocker neben Hannah.

»Spielst du auch ein Instrument?«, fragte er sie, die sich nun zwischen Charlys guter und Svens schlechter Stimmung eingeklemmt fühlte.

»Ich? Nein. Also keines so wirklich.«

»Und unwirklich?«

»Früher habe ich Gitarre gespielt. Ist ewig her. Ich … ich bin auch nicht so musikalisch.«

»Ich habe letzten Monat erst mit Querflöte angefangen. Davor Tuba und davor Schlagzeug. Gitarre wäre auch einmal schön! Aber dieses Jahr eher nicht mehr. Lieber wieder Tuba und dann einen neuen Sport. Sonst fühle ich mich so eingerostet. Yoga war ja nicht so meins. Und mit Italienisch will ich dieses Jahr auch wieder weitermachen!«

»Tja, Charly wird es hier nicht langweilig«, sagte Nikolai und schob Sven seinen Whiskey hin. »Der erfindet sich immer wieder neu.« Charly würde sich gut mit Clarissa verstehen, überlegte Hannah.

»Kommt man da nicht durcheinander?«, fragte sie. »Es wäre doch bestimmt einfacher, sich auf eine Sache zu konzentrieren.«

»Ach, einfach ist es nie, wenn man etwas ganz von vorne anfängt«, sagte Charly.

»Das hört man«, nuschelte Sven.

»Das darf man auch hören!«, erwiderte Charly. »Außerdem mache ich das nur zu meinem Privatvergnügen! Ich muss ja niemandem etwas beweisen.«

»Was bringt das dann, wenn man es nicht ernst nimmt? Dann kannst du dir das Üben ganz sparen«, sprach Sven aus, was Hannah dachte. »Dann kannst du am Ende gar nichts richtig.«

»Es geht mir doch gar nicht darum, gut darin zu sein! In meinem alten Job hatte ich nie Zeit für

Hobbys. Und jetzt genieße ich das umso mehr. Ich probiere alles Mögliche aus. Da entdeckt man ganz neue Seiten an sich! Wenn mir etwas keine Freude mehr macht, dann höre ich damit auf. Und wenn ich wieder Lust darauf bekomme, dann fange ich einfach wieder an. Oder auch nicht.«

»Gesunde Einstellung«, sagte Nikolai und nickte.

»Total bescheuert«, lallte Sven, während Hannah überlegte, welche Hobbys ihr Freude machen könnten. Welche Hobbys sie denn aussuchen würde, wenn es ihr egal wäre, wie gut sie darin werden würde. Aber ihr fiel nichts ein.

»Ich habe zum Beispiel mal Hockey gespielt, ziemlich gut sogar«, sagte Nikolai, »Aber dann ist meine Mannschaft abgestiegen, und ich habe aufgehört. Eigentlich nur, weil meine zwei besten Kumpels auch aufgehört haben. Das ärgert mich bis heute! Und irgendwann denkt man dann, jetzt bin ich schon so lange raus, jetzt brauche ich auch nicht wieder damit anzufangen.«

»Hockey steht leider gerade nicht auf meiner Liste, sonst wärst du der Erste in meiner Mannschaft«, erwiderte Charly. »Und jetzt passt auf eure Ohren auf, ich spiele noch eine Runde Tonleitern!«

Beim ersten Ton trank Sven seinen Whiskey auf ex und ging. Bella folgte ihm unbemerkt. Er hätte niemals freiwillig Geige geübt, ohne die großen Konzerte an der Schule. Er würde niemals joggen gehen, ohne es zu tracken. Warum sollte man sich auch anstrengen, wenn es keiner sieht? Wenn man nichts dafür bekommt? Wenn man keine deutlichen Fortschritte macht? Da blieb doch der Spaß auf der Strecke. Und gerade in diesem Moment ließ sich Herr Wiedemann wahrscheinlich Svens Projektbericht als seinen Erfolg verbuchen. Sven wusste nicht, wohin mit seiner Wut. Er schlug mit den Fäusten zu jedem Flötenton gegen die Wand. Und schlug und schlug, die Zähne fest zusammengebissen, als wollte er die Töne zurück in die Mauer schlagen. Dann lehnte er sich mit dem Rücken gegen den grobkörnigen Putz und hielt seine Schmerzen fest. Sein Smartphone vibrierte. Schon wieder drei verpasste Anrufe und jede Menge ungelesener Nachrichten. »alles gut soweit. schlechter empfang«, tippte er und fummelte dann mit steifen Fingern die Sim-Karte heraus.

»Sven?«

Er fuhr herum. Nikolai stand in der Tür.

»Wenn du auf andere Gedanken kommen willst: Ich wüsste da jemanden, der Arbeit für dich hat.«

* * *

Währenddessen stand im Lager die Zeit still. Lena war dort. Nikolai wusste, dass man sie nun nicht stören durfte. Wenn man sie störte, machte man alles kaputt. Sie kam aus dem Rhythmus. Sie verlor ihre Konzentration. Sie würde wieder von vorne beginnen müssen. Sie hatte jede Flasche einzeln herausgenommen, auf den Boden gestellt und dann nach Farbe und Größe sortiert. Das Licht der Neonröhren über ihr war sehr hell. Ihr Schatten strengte sie an und zwang sie zu Pausen. Sie war zwischen den Grüppchen von Flaschen hin und her gegangen, hatte einen feuchten Lappen aus der Bar geholt und das Regal Brett für Brett ausgewischt. Dann hatte sie die Flaschen wieder eingeräumt. Erst die klaren, dann die farbigen. Sie hatte die Etiketten nach vorne gedreht. Alles war bereit für die Inventur. Sie fing mit dem Rum an. Nahm eine der Flaschen in die Hand. Bevor sie anfangen konnte zu zählen, blieb ihr Blick am rauen Papier des Etiketts hängen. Sie fuhr mit dem Finger darüber. Dann über die aufgedruckte Schrift. Sie verharrte, um ein paar Gedanken den Vortritt zu lassen. So wie sie, wenn sie irgendwohin ging, manchmal stehen bleiben musste, um Dinge weiterzudenken, weil sie zu groß waren, um einfach darüber hinweg zu spazieren. Und die Leute hinter ihr auf dem Bürgersteig schimpften, rempelten sie an oder stießen sie sogar mit ihren Ellenbogen zur Seite. Manche glaubten, sie wäre einfach nur dumm. Das hatte Lena immer daran gemerkt, wie sie mit ihr sprachen. Laut und langsam und mit übertrieben freundlicher Mimik. Andere glaubten, sie wäre besonders intelligent. Viele glaubten, sie wäre krank. Lena hatte allen zeigen wollen, dass sie normal war. Aber egal, welchen Test man ihr vorlegte, welche Aufgaben sie lösen sollte, durch welchen Parcours man sie schickte – jedes Mal ging ihr die Zeit aus. Jedes Mal nahm man ihr die Zeit weg. Sie hatte eine Ausbildung zur Buchhalterin gemacht, wie man es ihr in der Berufsberatung empfohlen hatte. Weil sie Zahlen mochte und sehr sorgfältig arbeitete. Vor den Fristen, die sich die Leute immer künstlich setzen mussten, hatte man sie aber nicht gewarnt. Monatsabschluss, Jahresabschluss … als ob es den Zahlen nicht egal wäre, wann man sich ihrer annähme.

Nun, auf der Insel, war alles gut. Keine Deadlines, hatte Nikolai gesagt. Erst die Inventur. Dann die Kasse. Glücklich stellte sie die Rumflasche zurück und begann zu zählen.

Eins, zwei …

drei …

… vier …

* * *

»Und jetzt nicht bewegen!« Tatsächlich hält Bella still. Hannah setzt die Bleistiftspitze kurz auf dem Papier auf. Zögert. Der Wind pustet ihr eine Haarsträhne ins Gesicht. Sie strichelt los. Bellas Augen geraten ein wenig zu menschlich. Die Schnauze zu groß. Sieht eher aus wie eine Giraffe, denkt Hannah und streicht ihren ersten Versuch durch. Der zweite wird nicht besser. Der dritte ähnelt zumindest einem Hund. Nächste Seite. Lieber etwas Einfacheres. Sie versucht, den Baum im Hintergrund abzuzeichnen. Der Stamm wird ganz passabel. Kleine Schattierungen lassen ihn plastisch erscheinen. Für die Blätter fehlt ihr die Geduld. Eigentlich. Sie versucht es trotzdem. Setzt Blatt neben Blatt. Strich neben Strich. Verliert den Baum und die Zeit ganz aus den Augen. Ihre Finger sind ruhig. Ihre Beine halten still. Die Klänge der Flöte sind lange verstummt. Sie füllt den Weg neben dem Baum mit kleinen grauen Kieseln. Spürt Grasbüschel auf. Verwischt Wolken, die heute tief und dunkel über der Insel hängen, mit dem Zeigefinger. Bis es auf der Seite nichts mehr hinzuzufügen gibt. Hannah ist zufrieden. Zum ersten Mal seit Langem ist sie mit etwas zufrieden, auch wenn sie weiß, dass das Ergebnis nicht herausragend ist. Sie möchte das Bild gar nicht mit dem realen Vorbild vergleichen. Wozu auch? Sie sieht das Bild konzentriert an und schließt dann die Augen so fest, dass sie ein leichtes Rauschen in den Ohren hört. Lange Zeit glaubte sie, dass sich Bilder und Worte so am besten einprägen würden. Dass nichts mehr aus ihrem Kopf entwischen konnte, wenn es erst einmal bis zu den Ohren gekrochen war. Sie legt ihre Zeichnung in den Projektbericht und klappt ihn zu. Sie muss das Bild niemandem zeigen. Niemand muss ihr Bild bewerten. Noch nicht einmal sie selbst.

* * *

Etwas Rotes huscht durch Hannahs Blickfeld. Lora greift im Flug Hannahs Gedanke auf. »Arbeit ist was anderes, denkst du?«

»Natürlich! Hobbys kann man für sich im stillen Kämmerlein machen. Aber man will doch Anerkennung für seine Arbeit. Man braucht zumindest Feedback. Sonst hat man das Gefühl, es ist alles umsonst.«

»Umsonst? Aber du bekommst doch Geld dafür!«, sagt Coco und hält seinen Kopf schief.

»Ja, Sven kriegt auch Geld dafür! Aber die Lorbeeren für seinen Projektbericht erntet der Teamleiter! Findet ihr das gerecht?«

»Mmmm! Lorbeeren! Ich liebe Lorbeeren«, sagt Coco.

Lora wiegt sich hin und her. »Von welchen Lorbeeren redest du?«, fragt sie. »Wer soll die verteilen und wofür genau? Und welche Lorbeeren hättest du gerne? Lorbeeren für das, was du geleistet hast? Oder für das, was du leisten könntest, wenn man dich ließe? Für deine Anwesenheit? Für dein Pflichtbewusstsein? Für die Rolle, die du spielst? Was wäre denn gerecht? Und ist alles, was du hier tust, nur etwas wert, wenn andere es sehen und bewerten?«

»Nein, aber ich muss doch wissen, was von mir erwartet wird!«

»Damit du tun kannst, was von dir erwartet wird?«

»Damit ich mehr tun kann, als von mir erwartet wird«, sagt Hannah.

»Wegen der Lorbeeren?«, fragt Coco. »Aber wenn es keine gibt? Lässt du dann alles stehen und liegen?«

»Wir drehen uns im Kreis.« Hannah steht auf.

»Weil du keine neuen Wege gehst«, sagt Lora und lässt sich in einer Spirale nach unten gleiten. »Weil du Angst hast, Fehler zu machen!«

Sie haben recht, denkt Hannah. Schon lange vermeidet sie es, kritisiert zu werden, sodass sie mit Kritik inzwischen gar nicht mehr umgehen kann. Sie macht keine Fehler mehr, weil sie einen großen Bogen um alles macht, worin sie sich nicht sicher ist. Sie konzentriert sich einfach immer auf das, was sie gut kann. Dieser Weg ist inzwischen so ausgetreten, dass sie sich nicht einmal mehr die Frage stellt, ob das, was sie kann, auch immer noch das ist, was sie will.

Ein dicker Regentropfen trifft Hannah an der Stirn. Weitere prasseln herunter – und Coco, Lora und Bella scheinen sich im Dunst des Regenvorhangs aufzulösen. Ihre Farben verwaschen sich und zerstäuben auf den Kieseln. Donner grollt vom Meer herüber. Hannah presst den Projektbericht an sich und läuft zu ihrem Bungalow. Neue Wege, welche neuen Wege? Einen Weg, den ich einschlage, ohne Anweisungen von oben. Einen Weg, den ich selber finde. Oder einen, für den ich mich zumindest bewusst entscheide. Als sie den vom Tag noch aufgeheizten Bungalow betritt, ist sie völlig durchnässt. Aber es ist ihr egal. Sie greift sich einen CHL-Keks vom Tisch und lässt sich aufs Bett fallen. Ihr Bett, dass ihr gar nicht mehr so hart vorkommt. Während sie dem Regen lauscht, der aufs Dach trommelt, fällt ihr auf, wie gut die Kekse schmecken. Ja, komischerweise haben ihr diese banalen, eingeschweißten Kekse gefehlt, die letzten sechs Wochen. Der Vanille-Geschmack, der Holzgeruch des Bungalows, der immer gleiche Anblick ihrer drei Paar Schuhe neben dem Schrank, die gerade vom Blitz hell erleuchtet werden. Hier wohne ich, denkt sie. Hier bin ich zu Hause. Mehr zu Hause jedenfalls als in meinem Apartment in Berlin. Ich weiß gar nicht mehr genau, wie es dort aussieht. Nur, dass dort immer noch unausgepackte Umzugskartons herumstehen.

Weil ich dachte, ich wäre in zwei Wochen zurück. Weil ich wusste, dass ich gleich nach dem Umzug sowieso nicht viel Zeit dort verbringen würde, dass niemand dort auf mich warten und mich so schnell auch niemand besuchen würde. Wie in der Wohnung davor. Uneroberter Raum. Wieso sollte es dieses Mal anders sein? Hannah muss aufstehen. Sie kramt das gerahmte Porträt aus dem Kleiderschrank und hängt es wieder an den dafür vorgesehenen Platz. Sie schiebt den Tisch ans Fenster und legt zwei Steine auf das Fensterbrett, die sie irgendwann einmal am Strand aufgelesen hatte. Dann hievt sie den leeren Koffer auf den Schrank. Sie verschiebt nur Kleinigkeiten im Bungalow, aber es fügt sich zu etwas Größerem zusammen. Zu einer Basis. Einem Ausgangspunkt. Sie weiß nicht, ob es am Gewitter liegt, aber sie verspürt eine ihr fremde Abenteuerlust. Kindisch, übermütig und im Bauch kribbelnd. Am liebsten würde sie ihren Namen außen in die Holztür brennen. HANNAH KAHL. Karten der Insel auf dem Tisch ausbreiten, wie ein Seefahrer, mit den Papageien auf der Schulter. Das Fenster öffnen und in den Donner schreien. Sie spürt die Holzplanken unter ihren nackten Füßen. Egal, welchen Weg sie einschlagen, zu welcher Expedition sie aufbrechen wird: Hier steht sie. Hier geht es los.

10

Der alte Mann saß im Schatten des Holzpavillons. Immer wieder nahm er seinen Hut ab, fuhr sich mit einem Stofftaschentuch zuerst über seine Glatze, dann über seine knollige Nase und stopfte es wieder in die Tasche seines ausgeblichenen Sakkos. Unter seiner Aufsicht schichteten zwei junge Männer flache Steine zu einer Mauer. Einer von ihnen war Sven. Den großen kräftigeren der beiden hatte Hannah noch nie gesehen. Die Trockenmauern, wie aus dem Kies herausgewachsen, waren ihr bereits beim ersten Rundgang über die Insel aufgefallen. Ihr Sinn erschloss sich ihr aber immer noch nicht. Die Finger des alten Mannes trommelten an den Armlehnen des Ohrensessels.

»Herr Taubner! Sie haben doch Nachschub geholt, damit es schneller geht! Warum geht es jetzt nicht schneller?«, brüllte er seinen Arbeitern zu.

Sven schien unter dem Gewicht der Steine, die er einzeln aus der Schubkarre hievte, fast zusammenzubrechen. Zu seinem Glück war die Mauer noch sehr niedrig. Schon die nächste Schicht würde ihm Probleme bereiten, vermutete Hannah, die im Schatten eines verlassenen Gebäudes hockte und die drei schon eine Weile unbemerkt beobachtete.

»Macht die Lücken nicht zu groß! Das sehe ich doch von hier, dass das nicht passt! Nehmt einen anderen oder meißelt ihn zurecht. Aber stellt euch nicht so an!« Der Mann schnappte nach Luft.

Hannah stellte sich den Sprühregen vor, den er bei jedem Konsonanten ausstoßen musste.

»Ihr baut mir diese Mauer so schnell und so gut wie die letzte! Damit das klar ist! Ich zähl die Stunden, und ich zähl die Steine. Und wenn ihr das nicht hinkriegt, so hinkriegt, wie ich sage, dann nehmt ihr mir das Ding wieder komplett auseinander und baut es neu! Das wird eine Nachtschicht, so was habt ihr noch nicht erlebt!«

Wie war Sven nur zu diesem Job gekommen? Hatte er Herrn Wiedemann verpetzt? Wurde er dazu gezwungen? Oder war es ein verzweifelter Versuch, ein neues Projekt zu finden? Von ihrem Platz aus konnte sie sein Gesicht nicht sehen. Aber sie erkannte an seiner Haltung, wie sehr er sich quälte, wie ungeeignet er für diese Schufterei war. Der andere Arbeiter wirkte im Vergleich zu Sven routiniert, fast beschwingt. Als wären dieselben Steine für ihn nur halb so schwer. Hannah spürte, dass ihr Bein eingeschlafen war. Sie streckte es aus und schüttelte ihren Fuß, um das Kribbeln loszuwerden. Sie musste sich hinsetzen und versuchte dabei, nicht an die Eidechsen zu denken, die hier bestimmt überall herumkrochen. Es war spät am Vormittag und bereits so warm, dass sich Schweiß in ihren Kniekehlen angesammelt hatte. Wie konnte man bei dieser mörderischen Hitze harte körperliche Arbeit verrichten? War das überhaupt legal? Und was, wenn Sven einfach umkippte? Hannah machte sich Sorgen. Aber sie konnte die Situation nicht beurteilen und wollte nicht riskieren, wegen nichts und wieder nichts von dem alten Herren angebrüllt zu werden. Keine zwanzig Meter von ihr entfernt hastete ein zierlicher Schatten über die Kieswege. Die dazugehörige Person hatte etwas unter den Arm geklemmt und die andere Hand vor sich abgespreizt, als müsste sie gleich einen Sturz abfangen. Es war Harumi, die an der Mauer vorbei zum Pavillon ging. Herr Albert! Das war Herr Albert im Pavillon, dämmerte es Hannah. Sie verlagerte ihr Gewicht wieder nach vorne auf die Füße und streckte sich, um mehr erkennen zu können. Harumi hielt ihm aus sicherer Entfernung die Blätter hin. Der Alte ignorierte sie. Er war gerade dabei, sich eine Zigarre anzuzünden.

Harumis Kopf nickte wiederholt, als würde sie behutsam Worte in seine Richtung schubsen, um auf sich aufmerksam zu machen. Schließlich riss er ihr die Blätter aus der Hand. Er stempelte sie! Ja, er stempelte einige der Blätter, ohne sie durchzulesen! Ohne sie auch nur anzusehen! Hannah wäre am liebsten aufgesprungen, um ihm die Blätter unter die Nase zu halten. Ihn ins Büro zu zerren, zu Jill, Bodo und Christine. Die daumendicke Zigarre in Herrn Alberts Mundwinkel füllte den Pavillon mit Rauchschwaden. Harumi wartete darauf, dass er ihr die Dokumente zurückgab, aber Herr Albert ließ sie auf seinem Schoß liegen und schrie seinen Arbeitern weitere Anweisungen zu.

»Hannah? Nicht erschrecken!« Sie fiel zurück auf den Hosenboden und fuhr herum. Paolo stand neben ihr.

»Was …«

»Warte kurz, ich bin gleich wieder da.« Paolo brachte den Arbeitern zwei Flaschen mit Wasser und stellte auch eine für ihren Chef in den Pavillon.

»Ach, Mutter Teresa schon wieder!« Herr Albert hustete, warf seine Zigarre auf den Boden und stampfte sie mit dem Fuß aus. »Ist viel zu gefährlich, wenn die Mami nicht da ist, um den Jungen was zu trinken zu bringen!«

Sven leerte die Flasche fast in einem Zug.

»Euch geht es viel zu gut! Ihr wisst gar nicht

mehr, was Arbeit ist! Wie ich geschuftet habe, als ich noch jung war!« Der alte Mann verlor die Beherrschung. Paolo zog sich zu Hannah in den Schatten zurück.

»Ihr macht Pause, wenn ich es euch sage! Reißt euch mal zusammen! Der ganze Wohlstand, in dem ihr aufgewachsen seid, ist mein Verdienst! Unsere Generation hat das alles wieder aufgebaut! Und ihr? Was könnt ihr schon, außer euch im Büro den Hintern platt zu sitzen! Nichts könnt ihr!«

Sven lehnte sich gegen die Mauer und knetete seine Hände. Herr Albert stand unvermittelt auf.

»Das ist ja unglaublich! Was macht ihr, wenn wieder ein Krieg kommt? Oder eine andere Katastrophe? Was macht ihr dann? Im Internet nachschauen, was ihr tun sollt? Erbärmlich seid ihr!«

Harumi sammelte die Blätter zu seinen Füßen auf und ergriff die Flucht. Herr Albert ließ sich wieder in seinem Sessel nieder und schlief ein. Die Mauer wuchs weiter.

***

»Ich mache mir Sorgen um Herrn Albert«, sagt Paolo, der sich neben Hannah an die Mauer setzt.

Warum denn um ihn? Hannah runzelt die Stirn und schaut ihn fragend an.

»Weißt du, er ist bestimmt schon achtzig und

überanstrengt sich total, will einfach nicht in Rente gehen! Langsam scheint er auch dement zu werden. Zumindest ist das mein Eindruck. Manchmal kennt er sich gar nicht mehr aus oder wird total aggressiv. Wenn das so weitergeht, kann er nicht länger auf der Insel bleiben.«

»Ja, und? Denkst du, der würde hier jemandem abgehen?« Hannah kann Paolos Gedanken nicht nachvollziehen und diesen Typ von Vorgesetzten ohnehin nicht ausstehen. Wenn andere ein solches Verhalten tolerieren, ist das ihre Sache, denkt sie. Mir reicht es schon, was ich heute gesehen habe! Er war das Arschloch, das meine Akten nicht abgestempelt hat!

»Du unterschätzt seine Rolle hier«, antwortet Paolo. »Es werden hier auch Leute gebraucht, die den Ton angeben, die …«

»… die respektlos rumbrüllen und blind irgendwelche Sachen abstempeln?« Hannah schüttelt den Kopf. Niemand braucht derartige Kotzbrocken von Chefs! Wegen mir können die gerne aussterben. Sollen sie doch brüllen bis zum Herzinfarkt …, schimpft sie in Gedanken weiter.

»Du verstehst das nicht.«

»Nein, ich versteh hier so einiges nicht!«

Paolo holt tief Luft. Hannah auch, aber sie nimmt sich vor, ihn ausreden zu lassen, auch wenn sich wütende Fragen auf ihre Zunge drängen.

»Herr Albert gibt den Leuten das, was sie wollen. Nachfrage und Angebot. Für mich wäre das auch nichts, aber sieh es als eine Art, na ja, Beschäftigungstherapie«, versucht Paolo noch einmal zu erklären.

»Willst du mir erzählen, die bauen zum Spaß Mauern? Bei der Hitze? Erfüllen die Mauern überhaupt irgendeinen Zweck?«

»Die Mauern erfüllen den Zweck, dass die Leute, die sie bauen, etwas zu tun haben. Dass sie am Abend sehen, was sie tagsüber geschafft haben. Keine Ahnung, ob das jemandem wirklich Spaß machen kann. Aber vielleicht fühlt es sich für sie besser an als alles andere, was man hier machen kann. Vielleicht kommen sie durch die Schufterei nicht auf blöde Gedanken. Vielleicht schlafen sie abends besser. Vielleicht wollen sie einfach nur mal was ganz anderes ausprobieren. Was weiß ich! Tatsache ist, dass die Baustelle nie lange stillsteht. Dass immer wieder irgendwelche Leute unter Herrn Alberts Geschrei Steine von A nach B schleppen. Ist wohl echt so ein psychologisches Ding.«

»Sisyphosarbeit, im wahrsten Sinne des Wortes. Dasselbe wie mit den blöden Akten.«

»Exakt«, sagt Paolo. »Das Büro und die Baustelle hier sind genau dasselbe. Die Leute entscheiden sich für eine Tätigkeit – nicht unbedingt bewusst, aber wie gesagt, niemand zwingt sie. Und Herr Albert ist mehr Teil der Rahmenbedingungen.«

»Er ist der Chef, weil es einen Chef braucht? In der Rolle erfüllt er jedes Klischee«, sagt Hannah.

»Ja, das wäre meine Theorie. Und das ist doch auch außerhalb der Insel nicht unüblich, oder? Dass die Leute etwas tun, weil jemand es ihnen aufträgt, der etwas zu sagen hat. Ohne es zu hinterfragen. Ohne genau zu wissen, was am Ende daraus wird oder was genau der Sinn dahinter ist.«

»Ja, klar«, sagt Hannah. »Das ist normal, wenn es um komplexere Prozesse geht. Es kann schließlich nicht jeder von Anfang bis Ende mit eingebunden werden oder komplett selbstständig arbeiten. Aber hier auf der Insel ist es so … offensichtlich absurd! Ich würde mir blöd vorkommen.«

»Ich mir auch«, sagt Paolo. »Andererseits: Wenn es nur darum geht, sich zu beschäftigen, sich irgendwie abzulenken – warum nicht! Wenn ich nur die Rezeption hätte und nicht die Kunst, würde ich vor Langeweile durchdrehen. Na gut, wenn ich die Kunst nicht hätte, wäre ich in jedem Job durchgedreht, den ich die letzten Jahre gemacht habe.«

Er hält kurz inne. »Als Künstler darf man sich auch immer wieder anhören, es wäre total absurd, was man macht. Man würde keinen sinnvollen Beitrag leisten, die Welt hätte andere Probleme … bla

bla bla … und dann sieht es noch nicht einmal ›schön‹ aus.« Er lacht, aber Hannah merkt, dass es ein bitteres Lachen ist.

»Ich finde es mutig, ich hätte mich nicht getraut, Kunst zu studieren.« Sie bereut ihre nett gemeinten Worte gleich wieder. Wie oft er diesen dämlichen Satz wohl schon gehört hat?

»Für mich gab es keine andere Wahl«, sagt Paolo. »Ich habe manchmal Gelegenheitsjobs angenommen, wenn ich musste, so bin ich hier bei CHL gelandet, aber langfristig betrachtet, komme ich immer wieder zur Kunst zurück.«

»Du glaubst, das ist deine Berufung?«

»Ich weiß es«, sagt er. »Es ist nur manchmal schwierig, dazu zu stehen, wenn das Umfeld es nicht akzeptiert. Wenn andere meinen, es wäre nur ein Hobby oder eine Phase – was auch immer. Es ist schwierig, an sich selbst zu glauben, wenn die anderen es nicht tun.«

»Ich glaube an dich!«, sagt Hannah. Das Bild tritt klar aus ihrer Erinnerung hervor. Sie selbst, schlafend in einem Sessel. Ein Palmenblatt neben den strähnigen Haaren …

Paolo sieht sie skeptisch an.

»Ernsthaft! Dein Porträt von mir ist … krass. Ich sehe darauf nicht besonders vorteilhaft aus, wie du weißt, aber ich war echt beeindruckt. Bin ich immer noch.«

»Danke. Das Geschenk kommt nicht bei jedem so gut an.« Paolo nimmt seine Brille ab und putzt die Gläser mit seinem T-Shirt. Auf dem Baum vor dem Gebäude entdeckt Hannah die Papageien. Coco sucht ihren Blick, dreht seinen Kopf ruckartig weg und fliegt davon. Lora folgt ihm mit einem lauten Schnattern, als würde sie lachen.

»Du weißt wenigstens, was du tun willst«, sagt Hannah und kommt zu Paolo zurück. »Seit ich hier bin, weiß ich gar nichts mehr. Die Leute glauben an mich. Das war nie das Problem. Und es fühlt sich gut an. Dann macht man einfach immer weiter, damit alle weiterhin an einen glauben, weil man niemanden enttäuschen will. Und jetzt komme ich mir irgendwie wie eine Betrügerin vor. Als hätte ich mir und den anderen jahrelang etwas vorgemacht. Das klingt total bescheuert, oder?«

»Nein, klingt es nicht.« Paolo reicht ihr eine Wasserflasche. »Manchmal muss man einfach hinterfragen, was man macht. Und alles einmal unabhängig von den anderen Leuten betrachten. Ich glaube, genau dafür ist die Insel hier gut. Dass man sich daran erinnert, warum man etwas angefangen hat. Wie man da hingekommen ist, wo man jetzt steht.«

»Wenn ich ehrlich bin: Am liebsten würde ich gerade alles hinschmeißen. Aber das wäre einfach nur dumm. Ich meine, was mache ich dann?«

Hannah umarmt ihre Beine und legt ihr Kinn auf ihre Knie.

»Vielleicht solltest du mal eine Mauer bauen.«

»Nein, danke!«

»Nur für einen Tag! Vielleicht ist das deine Berufung!«

»Eher unwahrscheinlich. Und ehrlich gesagt glaube ich, dass die wenigsten Leute sowas wie eine Berufung haben. Man könnte das eine machen oder das andere. Es wäre wahrscheinlich vollkommen egal.«

»Nur ich bin unersetzlich! Noch in Hunderten von Jahren wird man meine Werke bewundern!«, scherzt Paolo und steht auf. »Ich gehe mal an meinem Lebenswerk arbeiten.«

»Ja, lass dich nicht aufhalten.«

»Der Vorschlag mit der Mauer war übrigens ernst gemeint!«

***

Wenn er die Betreffzeile der E-Mail las, spürte er sofort wieder das Kribbeln. Er klickte darauf. Da stand es. Schwarz auf weiß. Er wurde auserwählt. Er war der eine unter den vielen Hundert, von denen er dachte, dass sie viel besser seien als er. Dass sie mehr Erfahrung hätten, bessere Referenzen oder zumindest vorteilhaftere Kontakte. *Dear*

Paolo, stand da, als wären sie Freunde. Dear Paolo war eingeladen. Er wird seine Bilder zeigen dürfen. In sechs Monaten. Allein. In einem Raum voller wichtiger Menschen. Die wichtigen Menschen werden auf die Bilder zugehen, sie ansehen, sie beurteilen, ihn beurteilen. Darüber reden oder darüber schweigen. Damit über sein Schicksal entscheiden. Soll er die Bilder zeigen, die ihm am liebsten sind? Oder die Bilder, von denen er denkt, dass sie dem einen gefallen könnten oder die andere interessieren würden? Er hatte schon zugesagt. Er hatte die E-Mail dreimal gelesen und dann sofort geantwortet, bevor sie es sich anders überlegen konnten. Es war *die* Chance. Er zog die Mappe unter der Theke hervor. Die Zeichnungen des letzten Monats, des vorletzten Monats … sie waren perfekt. Die dunklen Linien und Schatten lagen so auf der weißen Fläche, dass sie im ersten Augenblick wirr und unvollständig wirkten. Aber im Bruchteil einer Sekunde trat das Motiv mit einer Wucht hervor, die er sich selbst nicht erklären konnte. Das Geheimnis, so vermutete er, lag in den Lücken, in den weißen Zwischenräumen, in denen der Betrachter das Bild selbst vollendete, während er es anschaute – einfach weil man nicht anders konnte. Weil man der Intuition seiner Striche nicht entkam. Eine Intuition, die von ihm auf das Papier überging. Wo auch immer sie herkam. Jahrelang war er blockiert gewesen. Skizzierte zaghaft. Schattierte verkrampft. Zerknüllte Unmengen von Papier. Aber hier war es anders. Auf der Insel gelang ihm alles. Immer. Er hatte Angst gehabt, dass etwas mit seiner Wahrnehmung nicht stimmte. Dass auf seine Augen kein Verlass mehr war. Seine Urteilskraft weggespült wurde. Durfte einem Schwieriges so leicht von der Hand gehen? Konnte etwas ungewöhnlich gut sein, wenn es einem keine Mühe bereitete, keine Anstrengung kostete? Oder überschätzte er sich maßlos? Auf einmal? Deshalb hatte er die Bilder eingeschickt. Er hatte wissen wollen, ob sie ihren Zauber verlieren würden, wenn sie einmal die Insel verlassen hatten. Ob jemand den Umschlag öffnete, seine Zeichnungen betrachtete und nichts spürte, nichts dachte außer: Aha, ganz nett. Aber so war es nicht. Sie hatten ihm diese E-Mail geschickt, in der stand, dass er herausragend war. Dass seine Kunst herausragend war – auch wenn sie die Insel verließ. Was noch lange nicht hieß, dass er sie ebenfalls wieder verlassen konnte.

11

»Zwei schöne Vögel hast du da«, sagte die Frau mit dem langen schwarzen Zopf und lächelte. Hannah blieb stehen. Ihre Gedanken überschlugen sich. Sie fühlte sich auf unangenehme Art und Weise ertappt. Schutzlos. Sie hatte sich in den letzten zweieinhalb Monaten so an die Anwesenheit der Papageien gewöhnt und dabei auch an die vermeintliche Tatsache, dass niemand die großen Vögel sehen konnte, außer sie selbst. Oder taten die anderen nur so? Coco und Lora saßen auf ihren Schultern und regten sich nicht. Die Frau ging auf sie zu. Sie trug ein Kleid aus zusammengenähten rostroten Stofffetzen. Das Pärchen vom Strand und von der Bar, fiel es Hannah ein. Die Fremde streichelte Lora, die auf Hannahs Schulter saß, übers Gefieder, dann nahm sie Hannah an der Hand und zog sie hinter sich her, bis zur kleinen Veranda vor ihrem Bungalow. Hannah setzte sich. Sie wusste noch immer nicht, was sie sagen sollte. Die Frau schenkte ihr Tee ein. »Ich bin Giovanna«, stellte sie sich vor. »Zucker?«

»Ja, danke. Ich bin Hannah.«

»Und die beiden?«

»Coco und Lora«, erwiderte Hannah und nahm die Tasse entgegen.

Giovanna nickte und verschwand nach drinnen.

Hannah sah sich um. Die angebaute Veranda war von Kletterpflanzen umschlungen. Große, bunt gemusterte Tücher waren an den Außenwänden festgenagelt, und der Tee roch nach Gewürzen, die sie nicht kannte. Auf dem Tisch stand eine Holzkassette, gefüllt mit allerlei Armbändern, Halsketten und losen funkelnden Perlen. Sie fühlte sich, als wäre sie in ein Märchen geraten und säße vor einem Hexenhaus mit einem Zaubertrank in der Hand. Ein schönes Märchen, das gut ausgehen würde.

Coco wühlte mit seinem Schnabel in den Perlen.

»Lass das!« Hannah schob ihn beiseite.

Giovanna kam zurück und setzte sich ihr gegenüber.

»So, da hat uns das Schicksal zusammengeführt«, sagte sie.

»Das Schicksal?« Hannah glaubte nicht an so etwas wie Schicksal, aber sie traute sich nicht,

Giovanna zu widersprechen. Nicht weil sie von ihr eingeschüchtert war, sondern weil sie sie mit ihren freundlichen dunklen Augen erwartungsvoll ansah.

»Wir können viel voneinander lernen.«

»O. k.«, erwiderte Hannah. »Weil du die Papageien sehen kannst?«

»Ja, das ist ein Zeichen.« Zeichen. Ein weiteres Wort, mit dem Hannah nichts anfangen konnte.

»Sollte ich auch etwas sehen können?« Sie suchte mit Blicken die Veranda ab, aber alles fügte sich ins Bild wie ein buntes Mosaik.

»Ich weiß es nicht. Siehst du das hier?«

Sie fasste an ihren Hals. Hannah entdeckte dort nichts.

»Eine Kette«, erklärte Giovanna. »Ein Medaillon genauer gesagt, von meiner Großmutter. Als Kind glaubte ich daran, dass es Zauberkräfte hätte. Dann habe ich es verloren und Jahrzehnte später hier am Strand wiedergefunden. Und egal, wo ich die Kette jetzt liegen lasse – sie kommt immer wieder zu mir zurück.« Ein Medaillon mit Zauberkräften … dann saß sie wohl doch vor einem Hexenhaus. Normalerweise hätte sich Hannah nun verabschiedet, um sich nicht weitere unwahrscheinliche Geschichten anhören zu müssen, aber sie spürte, dass sie selbst Teil der Geschichte war und dass Giovanna ihr vielleicht Dinge erklären würde, für die sie selbst keine Erklärung fand. Ihre Neugierde war geweckt. Sie würde es sich nur anhören. Schließlich musste sie es nicht glauben. Giovanna goss ihr Tee nach und fragte sie über die Papageien aus, die die ganze Zeit über auf dem Tisch herumtollten, aber kein Wort sprachen, als hätte man sie plötzlich auf stumm geschaltet. Hatte sie Bella schon einmal kläffen gehört?, fragte sich Hannah.

»Sie bringen dir etwas zurück. Ein Geschenk. Einen Teil von dir, den du schon lange vergessen hast«, begann Giovanna zu erzählen. »Kennst du das Gefühl, wenn du ein altes Lieblingslied hörst? Eines, das dir viel bedeutet hat, aber das du dann ganz vergessen hattest? Und dann hörst du es auf einmal irgendwo. Zufällig, wenn du gar nicht damit rechnest, und dann denkst du: Das war ich! Und merkst: Das bin ich jetzt. Und dazwischen diese unüberwindbare Lücke.« Sie hielt inne.

»Man entwickelt sich eben weiter«, sagte Hannah.

»Mehr als das«, antwortete Giovanna. »Man gibt immer wieder Teile von sich selbst auf, um wachsen zu können. Das verträumte, chaotische Mädchen, das ich einmal war, stand meinen Zielen im Weg. Das dachte ich zumindest. Am Anfang meiner Karriere habe ich mich viel über mich geärgert. Ich fühlte mich so fehl am Platz. Und dann hat es irgendwann Klick gemacht. Ich habe nach vorne geschaut: Wo will ich hin? Wie möchte ich sein? Was trennt mich von diesem Ziel? Und dann habe ich alles aus dem Weg geräumt, was mich von meiner Vision trennte.«

Hannah nickte zustimmend. Bis ihr Giovannas trauriger Blick auffiel.

»Mach das nicht!«, sagte Giovanna unvermittelt.

»Was?«

»Mach nicht dieselben Fehler wie ich.«

»Also … hast du nicht erreicht, was du wolltest?«

»Tja, objektiv betrachtet, hatte ich alles erreicht, was ich mir damals in den Kopf gesetzt hatte. Und das viel zu schnell.«

Sie schwieg wieder und rührte in ihrem Tee.

»Ich habe nur nicht darauf geachtet, wie es mir damit geht. Der neue Job als Assistentin, die Aufgaben, die Kollegen … das habe ich mir selbst ausgesucht. Habe ich mir erkämpft. Und von außen sah es aus, als wäre alles in bester Ordnung. Tatsächlich war diese Art von Arbeit überhaupt nichts für mich. Ich war ständig überfordert und wollte es nicht wahrhaben.«

»Na gut«, erwiderte Hannah. »Ein neuer Job ist immer eine Herausforderung.«

Giovanna lachte auf.

»Ja, das dachte ich auch. Irgendwann würde ich mich schon daran gewöhnen. Irgendwann würde es besser werden. Aber irgendwann war ich dann einfach nur am Ende! Mein Körper protestierte. Mein Gedächtnis ließ mich im Stich. Mein Exfreund machte sich große Sorgen. Aber ich war so stur! Und statt auf Kur zu gehen, habe ich mich bei CHL beworben. Als Assistentin der Geschäftsführung.«

Es kostete Hannah Mühe, sich Giovanna in einem Vorzimmer vorzustellen. Ordentlich gekleidet, dezent geschminkt, die Haare hochgesteckt. Es ging nicht.

»Es sollte nur ein weiterer Schritt sein. Aber ich war zu nichts zu gebrauchen! Zum Glück schickten sie mich auf diese Insel. Ich habe wochenlang nur geschlafen. Und die Person, für die ich hätte arbeiten sollen, brachte mir das Essen ans Bett. Die absolute Katastrophe!« Giovanna schüttelte den Kopf, als würde sie damit die Erinnerung vertreiben.

»Frau Bergé-Patt ist die Geschäftsführerin?« Ich wusste es!, dachte Hannah, schon am Flughafen habe ich es geahnt.

»Von mir hast du das nicht«, sagte Giovanna und wich Hannahs fragendem Blick aus.

»Aber jetzt … jetzt geht es dir besser?«, hakte Hannah vorsichtig nach.

Giovanna überlegte.

»Ich habe ein bisschen gebraucht, um zu verstehen, was mir guttut. Dass ich nicht alles tun sollte, nur weil ich es tun kann. Manches ist einfach nichts für mich. Seit ich das weiß, geht es mir besser. So gut wie noch nie. Wie geht es dir?«

Hannah fühlte sich überrumpelt.

»Ich weiß es nicht.«

Giovanna sah sie weiter an, als wartete sie auf eine aussagekräftigere Antwort.

»Ich habe Angst. Und ich fühle mich hier so, na ja, nutzlos«, fügte Hannah hinzu.

»Du brauchst keine Angst zu haben«, sagte Giovanna und nahm Hannahs Hände in ihre, die viel jünger aussahen als ihr Gesicht. »Und glaube mir: Niemand hier ist wirklich nutzlos. Nicht einmal die, die ganz gerne nutzlos sind. Wer hat das überhaupt zu bewerten?«

Giovanna warf ihren Zopf, in den sie feine goldene Fäden eingeflochten hatte, über die Schulter und zog die Holzkassette zu sich herüber.

»Ich mache Schmuck, hauptsächlich. Ich bastle hier schöne, kleine Dinge, die niemand wirklich braucht und die mich nicht reich machen werden. Aber ich empfinde Freude dabei, die Perlen zusammenzustellen. Und die Leute, die den Schmuck tragen oder verschenken, haben auch ihre Freude daran.«

»O. k.«, sagte Hannah, »und damit bist du zufrieden?« Für den skeptischen Ton in ihrer Stimme erntete sie einen amüsierten Blick von Coco.

»Ja. Ich habe mich dafür entschieden. Ich fühle mich gut dabei. Ich bin nicht gezwungen, etwas anderes zu tun. Warum sollte ich nicht zufrieden sein?«

Giovanna sortierte ein paar Perlen aus.

»Mein Mann Michael«, erzählte sie, »repariert gerne Dinge. Für ihn reicht es, wenn etwas funktioniert. Ich glaube, wir ergänzen uns ganz gut. Jeder macht seins, und keinem wird es zu viel.«

»Ich glaube, ich bin hier unterfordert«, sagte Hannah. »Ich finde die Möglichkeiten sehr eingeschränkt.«

»Die Insel ist ziemlich klein, ja. Aber eingeschränkt ist hier gar nichts. Im Gegenteil! Du kannst dich ausprobieren und frei entscheiden, was du tun willst und was nicht. Weil du es dir leisten kannst. Letztes Jahr kam einmal eine Frau auf mich zu, die meinte, ich solle meinen Schmuck doch online verkaufen, statt nur ab und zu auf dem Markt. Sie legte mir einen zehnseitigen Plan vor. Ich las ihn mir durch und lehnte ab. Sie hat dann ihren eigenen Online-Shop aufgebaut, mit Kunsthandwerk vom Festland. Dafür opfere ich nicht meine Zeit. So bin ich nicht, und so will ich nicht mehr sein. Ich gehe lieber mit meinem Mann am

Strand spazieren, ich führe lange Gespräche, ich schreibe gerne Briefe an meine beste Freundin. Das ist mir wichtig, und hier kann ich das tun.«

»Das ist schön«, sagte Hannah. Aber es hilft mir nichts, dachte sie. Und als hätte Giovanna es gehört, kam sie mit einer Idee.

»Warte, wir probieren jetzt etwas aus.«

Giovanna fasste die unsichtbare Kette mit den Fingern, zog sie vorsichtig über den Kopf und legte sie Hannah um.

»Vielleicht bewirkt sie etwas. Und keine Sorge, du kannst sie nicht verlieren. Morgen, wenn ich aufwache, ist die Kette wieder bei mir.«

Hannah glaubte, etwas Kühles auf ihrer Haut zu spüren. Aber ihre Finger bekamen nichts zu fassen, als sie nach dem Medaillon tastete. Ihre eigene Faszination überraschte sie.

»Möchtest du dir die Papageien ausleihen?«, fragte sie. »Sie sind auch pflegeleicht.«

Coco und Lora fixierten Hannah vom Tisch aus, schlugen wild mit den Flügeln und landeten dann auf Giovannas Schultern.

»Sieht so aus, als wären sie einverstanden.«

»Wenn du Pech hast, fangen sie auch noch an zu sprechen«, fügte Hannah hinzu. Giovanna lachte und kraulte Cocos Köpfchen.

Ihr könnte es gelingen, überlegte Giovanna, nachdem Hannah gegangen war. Sie hätte die nötige Energie, es umzusetzen. Michael wäre so glücklich, wenn es klappte! Wenn es noch rechtzeitig klappen würde. Sie bräuchten natürlich einen Vorwand für die Deadline. Sie dürfte auf keinen Fall die Wahrheit erfahren. Die Verantwortung würde sie nicht wollen. Aber sie könnten Hannah sagen, dass es ein Geschenk werden soll. Ja, das wäre noch nicht einmal gelogen.

* * *

Etwas ist anders. Die Zeit verschwimmt. Die Sonne wird sanfter, nimmt die gleißende Helligkeit von der Insel. Lässt das Meer glitzern. Hannahs Augen entspannen sich. Sie geht an den Felsen entlang, streicht mit den Fingern über ihre abgeschliffenen Oberflächen. Ihre Füße haben sich an den Kies gewöhnt, der manchmal nachgibt und manchmal dagegenhält. Ihre Schritte sind selbstsicher genug, um nirgendwohin zu führen. Sie spürt die Kühle des Medaillons und die Wärme der Sonne auf ihrer Haut. Ich darf Chancen ungenutzt lassen. Ich darf ich selbst sein. Giovannas Worte legen sich um sie wie eine leichte Decke. Die Gedanken fernhält, die mit »du musst« beginnen. Die Gedanken nicht aufkommen lässt, die Hannah anderen unterstellte, ohne mit ihnen gesprochen zu haben. Erwartungen, die sie glaubte am Ton einer Stimme oder am

Zucken einer Augenbraue ablesen zu können. Nun hat sie mehr Raum um sich. Sie kann etwas tun. Sie kann nichts tun. Sie kann sich entscheiden. Sie kann sich zeigen, wie sie ist. Ohne die anderen beeindrucken zu wollen. Eine Eidechse kreuzt ihren Weg und schlüpft in einen Felsspalt. Hannah bleibt stehen und sieht ihr nach. Sie fühlt sich, als wäre in ihr etwas nachgewachsen. Eine Zuversicht, die sie aufrichtet. Die die Lücken zwischen Hannah wie sie war, wie sie ist und wie sie sein wird miteinander verbindet und zu einem Ganzen fügt. Sie übersieht sich nicht mehr, um nach vorne zu sehen. Sie seziert sich nicht mehr, um nach Unzulänglichkeiten zu suchen. Ihr Blick wendet sich nach außen, und endlich sieht sie die Schönheit der Insel, die die ganze Zeit über auf sie gewartet hat. Das Rauschen ihrer Gedanken lässt nach und weicht dem Rascheln der Palmenblätter, und der Wind trägt immer wieder neue Gerüche zu ihr hinüber, die er am Strand, an den Fenstern der Bungalows und von den Blättern der Pflanzen aufgesammelt hat.

12

Hannah hatte noch das Handtuch um ihren Kopf gewickelt, als es an ihrer Tür klopfte. Sie wollte erst durch das Fenster schauen, aber Coco und Lora saßen draußen auf dem Fensterbrett und versperrten ihr die Sicht. Sie öffnete. Ein Mann stand davor. Mit seinem buschigen Bart sah er aus wie ein Schiffbrüchiger. Sie hatte ihn mit Giovanna gesehen. Noch zwei Mal danach war sie auf ihn alleine getroffen, erinnerte sich Hannah. Einmal hatte er sich nackt am Strand gesonnt. Dann hatte er vor der Bar auf dem Boden gehockt und Spaghetti bolognese gegessen. Ohne Besteck. Die Nudeln hatte er sich mit den Fingern in den Mund gestopft. Beide Male hatte es Hannah für das Beste gehalten, einfach weiterzugehen. Aber nun stand er da, mit einer offenen Flasche Rotwein in der Hand.

»Ich bin Michael«, stellte er sich vor.

»Ich weiß«, sagte Hannah.

»Weißt du auch, dass ich einen Auftrag für dich habe?«

Sie ließ ihn eintreten, und er setzte sich an ihren Esstisch, als wäre es sein eigener. Auftrag. Jemand klopfte an ihrer Tür und brachte ihr einen Auftrag. Kurz fragte sie sich, ob es nicht doch so etwas wie das Schicksal geben könnte. Oder ob es Giovanna war, die Schicksal spielte.

»Ich warte schon länger auf jemanden wie dich«, sagte er. »Es ist ein größeres Projekt, und es muss schnell umgesetzt werden.«

Das war ganz in ihrem Sinne. Sie rechnete kurz nach. Seit fast drei Monaten war sie nun hier.

»O. k.«, sagte Hannah. »Um was geht es denn?«

Er nahm einen großen Schluck aus der Flasche.

»Komm mit.«

»Wohin?«

»Zur Anlegestelle.«

***

»Auf keinen Fall!«, sagte Hannah als sie, ihren Projektbericht unter den Arm geklemmt, mit Michael auf dem Steg stand. Die Wellen klatschten von unten gegen die Planken und spielten mit den Algen.

»Warum nicht?«, fragte er und lehnte sich gegen

einen morschen Pfosten, um den mehrere von der Sonne ausgeblichene Taue gewickelt waren.

»Ich habe doch gar keine Ahnung von Schiffen oder Booten oder so was!« Hannah schubste mit ihrem Fuß ein paar verirrte Kieselsteine vom Steg ins blaugrüne Wasser.

»Das macht nichts. Ich auch nicht«, antwortete er und lachte. »Außerdem fährt es ja noch. Es sieht nur nicht so aus.«

Hannah begutachtete die Rostflecken des Schiffes. Etwas knarzte im Auf und Ab der Wellen. Michael reichte ihr die Hand und sie kletterte widerwillig über die klapprige Metallleiter an Deck.

»Wie du siehst, muss das alles neu gemacht werden: abgeschliffen, gestrichen, neu eingerichtet. Und wir brauchen jemanden wie dich, der das organisiert und den Überblick behält. Giovanna und ich haben uns schon immer ein Hausboot gewünscht! Dann wären wir alle auch nicht mehr von der Fähre abhängig. Über das Budget können wir reden. Na ja, es wäre schon besser, wenn du die Leute hier auf der Insel ein bisschen einspannst. Aber …«, er zögerte.

»Aber?«

»In sechs Wochen sollte es fertig sein. Dann haben wir Hochzeitstag. Manchmal gibt es Zeiten im Leben, in denen man nichts aufschieben sollte«, sagte er, zwinkerte ihr zu und trank die Flasche aus.

»Ich muss darüber nachdenken. So etwas habe ich noch nie gemacht!« Hannah zuckte mit den Schultern. Was meinte er mit »nichts aufschieben«? Hektik schien für ihn sonst ein Fremdwort zu sein.

»Du wärst unsere Rettung«, sagte Michael und ging wieder an Land.

»Na gut. Ich versuche es!«, rief sie ihm hinterher.

Hannah musste nicht darüber nachdenken. Es gab etwas zu tun. Sie wurde gebraucht. Endlich hatte sie ein Projekt. Sie wollte ohnehin etwas Neues ausprobieren. Also warum nicht am alten Schiff herumwerkeln? Es nahm in ihrer Fantasie bereits Gestalt an und weckte ihre Abenteuerlust. Wo waren die Papageien, wenn man sie brauchte? Sie zog sich mit dem Projektbericht in die staubige Kajüte zurück und schrieb alles zusammen, was Michael erwähnt hatte. Sie holte ihr Smartphone aus dem Bungalow und fotografierte jede Ecke des kleinen Schiffs. Sie skizzierte den groben Grundriss und merkte, dass sie Hilfe brauchte. Dass sie eine ganze Mannschaft rekrutieren musste.

***

»Paolo?«, rief Hannah über die Theke. Sie war ganz außer Atem.

»Ja. Bin schon da.« Sein Kopf tauchte unmittelbar vor ihr auf.

»Entschuldigung! Ich wollte fragen, ob in den nächsten Tagen neue Leute hier erwartet werden oder ob die letzten Tage jemand angekommen ist.«

»Nein, ich glaube nicht. Aber lass mich nachsehen«, sagte Paolo und fuhr den Computer hoch. »Angekündigt ist niemand.«

»Mist«, fluchte Hannah, »aber danke.«

»Was ist denn los?«

»Ich habe ein Projekt. Kennst du dich mit Schiffen aus?«

Paolo kannte sich überhaupt nicht mit Schiffen aus. Aber als er mit Hannah das alte Ungetüm besichtigte, konnte sie seine Ideen gar nicht so schnell aufschreiben und wieder durchstreichen und umändern und wieder einkreisen, wie sie ihm kamen und sich nach und nach verwandelten. Er sprach mit dem Zeigefinger auf den Lippen über Farben und Formen. Er trennte mit den Händen Bereiche ab und richtete sie ein. Mit einem Flüstern bemalte er die Flächen. Schließlich gab Hannah auf und legte ihre Notizen beiseite. Was er tat, sah in ihren Augen umständlich aus, und vieles davon würde in der kurzen Zeit wahrscheinlich gar nicht umsetzbar sein. Aber sie versuchte, ihn arbeiten zu lassen. Sie vertraute ihm. Paolo verschwand unter Deck. Murmelte weiter vor sich hin.

Hannah stützte sich auf die leicht angerostete Reling und sah zum Strand. Frau Bergé-Patt parkte gerade ihr rotes Auto neben der Rezeption, schirmte ihre Augen ab und blickte zum Steg herüber.

Hannah wollte gerade ihre Hand heben, um sie zu grüßen, als Paolo auf einmal wieder hinter ihr stand. »Wie soll es heißen? Giovanna?«

»Das Schiff? Äh, ich weiß es nicht.«

»Das ist wichtig! Davon hängt alles ab! Ich frage nachher gleich Michael!«

Das rote Auto war wieder abgefahren.

»Meinst du, das kriegen wir hin?« Hannah war verunsichert.

»Natürlich kriegen wir das hin. Außerdem hilft dir die Insel. Hier geht doch alles viel einfacher.«

»Inwiefern?«, hakte Hannah nach, die von Paolos Motivation überrumpelt wurde.

»Bei mir ist es jedenfalls so. Ohne jetzt überheblich klingen zu wollen. Ich habe hier quasi kreative Superkräfte. Erst habe ich gedacht, ich bilde mir das nur ein. Aber ich sehe und zeichne tatsächlich ganz anders, seit ich hier bin! Viel besser!«

Er bemerkte Hannahs zweifelnden Blick.

»Das klingt bescheuert, oder?«

»Das ist total unfair! Weißt du, was meine Superkräfte sind? Ich werde von zwei sprechenden Papageien verfolgt.«

Paolo lachte.

»Nein. Ernsthaft!«, beharrte sie.

Paolo lachte noch mehr.

»Wo sind sie?«, fragte er.

Wie auf Kommando landeten sie auf der Reling. Hannah deutete auf sie.

»Unsichtbare Papageien, ich verstehe«, unterbrach Paolo kurz seinen Lachanfall.

»Ein Pärchen. Coco ist rot und Lora ist grün.«

Paolo streckte kichernd seine Hand nach der Stelle aus, auf die Hannah gedeutet hatte und zog sie schnell wieder zurück, als hätte er tatsächlich etwas gespürt.

»Wir sollten mal wieder in den Schatten gehen«, sagte er.

* * *

Clarissa war nicht in ihrem Büro. Hannah fiel auf, dass irgendetwas verändert war. Ihr Schreibtisch fehlte. Und der Stuhl. Für einen kurzen Moment hielt Hannah den Atem an. Dann sah sie, dass der Bikini auf dem Fensterbrett noch tropfte. Weit konnte sie also nicht sein. Hannah machte sich auf zu Clarissas Bungalow. Niemand öffnete. War sie vielleicht bei Nikolai? Oder ist sie noch einmal zum Strand gegangen? Herrn Alberts Befehle hörte sie schon von Weitem. Sie lief bis zu den Mauern. Eine war ein ganzes Stück in die Höhe gewachsen. Die andere schrumpfte. Hannah überlegte gerade, wie sie Herrn Albert überzeugen konnte, seine Mitarbeiter für die Renovierung des Schiffes einzusetzen, als sie Clarissa dort sitzen sah. Sie hatte zwischen dem Pavillon und einer Palme ein Bettlaken als Sonnensegel gespannt und darunter ihren Schreibtisch gestellt. Sie sah wie verwandelt aus, mit der hochgeschlossenen Bluse, ihren geglätteten Haaren und dem vielen Make-up im Gesicht. Sie feilte sich gerade die Nägel. Als sie Hannah sah, sprang sie auf und fiel ihr um den Hals.

»Oh, wie schön dich zu sehen! Tada! Ich habe einen neuen Job.«

Warum ausgerechnet jetzt, dachte sich Hannah und sagte dann aber: »Glückwunsch! Und was machst du nun?«

»Herr Albert meint, ich wäre seine Assistentin«, flüsterte sie Hannah ins Ohr. »Aber eigentlich übernehme ich den Laden. Hihi. Na ja, und ich passe eben auf, dass er keine Dummheiten macht. Man kann ihn echt nicht mehr alleine lassen.«

»Was wird da getratscht? Zurück an die Arbeit, Fräulein Lukowski!«

Clarissa verdrehte die Augen, zwinkerte Hannah zu und setzte sich wieder an ihren Schreibtisch.

»Super Jungs, weiter so!«, schrie sie.

»Lob sie nicht so viel! Was soll denn das?«, brüllte Herr Albert zurück.

»Aber das machen sie doch gut! Möchten Sie einen Keks?« Clarissa hielt ihm eine Schüssel vor die Nase. Er brummte etwas vor sich hin und nahm sich dann einen. Es fiel ihm schwer, die Plastikfolie zu entfernen. Er fluchte.

»Ich müsste was mit dir besprechen, hättest du nachher Zeit?«, fragte Hannah.

»Ja, warte kurz, ich mache sowieso gleich Pause.«

Herr Albert, der das Wort »Pause« gehört hatte, verschluckte sich. Clarissa sprang auf, klopfte auf seinen Rücken und reichte ihm etwas zu trinken. Als er endlich aufhörte zu husten, tastete er seine Sakkotaschen nach dem Taschentuch ab.

»Das gibt es doch nicht! Das kann doch nicht …«

»Hier. Frisch gewaschen.«

Mit einem Murren nahm er es ihr aus der Hand.

»Bitte, gern geschehen!«, antwortete sie ironisch und stolzierte zurück zu ihrem Schreibtisch.

Er tupfte die Schweißperlen von seinen geröteten Wangen. Dann sank sein Kopf auf seine Brust und er schlief ein.

»So. Der macht jetzt bestimmt wieder eine halbe Stunde Siesta. Was gibt's Neues?«, fragte Clarissa.

»Ich habe jetzt ein Projekt. Und ich wollte dich eigentlich fragen, ob du mitmachen möchtest.«

»Puh. Also gerade ist es schlecht. Ich sitze

schon an einer neuen Aufgabe. Aber um was geht's denn?«

»Giovanna und Michael haben sich ein altes Schiff gekauft, die *Gioia*, und ich organisiere die Renovierung. Es soll eine Art Hausboot für die beiden werden. Aber auch zur allgemeinen Nutzung – wenn man mal aufs Festland will, oder so.«

»Echt? Die beiden Hippies? Mega! Ich will auch ein Hausboot! Was man dort für Partys feiern könnte …«

Harumi kam angelaufen und sah hilflos auf den schlafenden Herrn Albert.

»Harumi, gib mir das!«, sagte Clarissa und winkte sie zu sich herüber.

»Man müsste auch einiges an Material auf die Insel schaffen, ein paar handwerkliche Sachen erledigen – keine Ahnung, ich muss erst mal einen Bootsbauer finden. Aber meinst du, man könnte den Mauerbau eventuell kurz unterbrechen?«

»Ach bestimmt!«, antwortete Clarissa und stempelte sich durch die Dokumente. »Wenn es so weit ist, schick ich Sven und Leon zu dir rüber.«

Sie drückte Harumi den Stapel in die Hand und gab ihr ein High-Five.

»Ja? Meinst du, das geht? Und Herr Albert?«

»Hm … wir verpflanzen einfach seinen Pavillon, wenn er schläft. Oder nein, ich hab eine bessere

Idee, wart nur ab!« Clarissa zupfte mit den Fingern ihre Haare zurecht.

»Ich sag's dir! Es tut so gut, mal rauszukommen. Ich hab mich ganz schön gehen lassen in letzter Zeit. Das war echt nicht mehr normal! Ich konnte mich schon gar nicht mehr dran erinnern, wann ich mich das letzte Mal geschminkt habe oder einen BH anhatte.«

»Ja? Ich dachte, du fühlst dich wohl«, erwiderte Hannah.

»Anfangs dachte ich das auch. Weißt du, ich habe eine üble Trennung hinter mir. Und ich brauchte erst mal eine Pause von allem. Aber man kann nicht ewig vor sich hin leiden, oder?«

»Verstehe«, antwortete Hannah. Wann immer sie Clarissa begegnet war, hatte sie nie das Gefühl gehabt, dass sie etwas bedrückte.

»Bevor ich hierherkam, war ich so auf meine Follower fixiert. Ich konnte mir nicht mal was zu essen bestellen, ohne vorher zu überlegen, was meine Follower davon halten würden. Und wenn ich nicht genug Likes und Shares hatte, war ich total frustriert. Dann sagte mein Freund, also mein Ex, irgendwann zu mir, ich hätte mich verändert. Ich wär gar nicht mehr die, die er kennengelernt hätte. Dann hab ich versucht, es ihm ständig recht zu machen. Aber das hat ihm auch nicht gepasst! Egal, was ich gemacht hab, irgendwie war alles falsch.«

»So hätte ich dich gar nicht eingeschätzt«, entgegnete Hannah verwundert.

»Wie meinst du das?«

»Als jemanden, der so viel auf die Meinung anderer gibt.«

»Na, hoffentlich! Dann waren die letzten Monate vielleicht nicht ganz für'n Arsch«, sagte Clarissa. »Also – nicht dass mir jetzt wichtig wäre, wie du mich einschätzt. Hihi. Oh Mann, meine Follower denken wahrscheinlich, ich bin tot.«

Herr Albert schmatzte ein paar Mal im Schlaf. Hannah zuckte zusammen. Sie hatte gar nicht bemerkt, dass Lora auf Herrn Alberts Knie saß. Coco pickte gegen seine Hutkrempe.

»So sieht er ganz friedlich aus, nicht?«, sagte Clarissa. »Seit ich da bin, schläft er ständig, der Arme. Wurde höchste Zeit, dass ihn jemand unterstützt. War echt eine gute Idee von Nikolai. Leon, schaff mal neue Steine ran! Die gehen gleich wieder aus!«, schrie sie. Herr Albert schlief weiter.

»Läuft ja ganz gut bei dir. Das freut mich. Ich geh dann mal wieder«, sagte Hannah.

»Wo gehst du denn hin?«

»Ich will Lena noch fragen und dann mal zum Büro schauen.«

»Das Büro? Keine Chance! Die kriegst du da nie raus! Da müsste schon eine Sintflut kommen, damit die sich dein Schiff anschauen. Aber viel Glück!«

»Danke«, verabschiedete sich Hannah, nahm sich einen Keks und ging.

***

»Sie redet mit den Leuten!«, sagt Coco. »Na, so was aber auch.«

»Sie braucht Hilfe bei ihrem Projekt. Wie soll sie das auch alleine schaffen?«, antwortet Lora, hebt von Herrn Alberts Sessel ab und fliegt Hannah hinterher.

»Ja, ich brauche ein Team«, gibt Hannah zu. »Und ihr seid da nicht gerade hilfreich.«

»Pff! Erst Paolo, dann Clarissa. Die braucht uns gar nicht mehr!«, beschwert sich Coco, schneidet Hannah den Weg ab und flattert ihr vors Gesicht. Aber Hannah bremst nicht. Sie schließt die Augen und geht weiter, durch Coco hindurch und lächelt.

»Hey! Sie freut sich auch noch! Haha!«

»Schön, schön, schön!«, krächzt Lora, und dann fliegen die Papageien eine Spirale nach oben und werden kleiner und kleiner.

13

Bitte nicht stören, wenn nicht nötig. Bitte auf keinen Fall eintreten. Bitte maximal ein Mal klopfen. Ich komme dann raus. Danke. Lena Schäfer, steht auf dem Blatt an der Tür. Hannah klopft ein Mal und geht wieder ins Freie. Die Papageien kommen nicht zurück. Sie hört etwas über den Kies schleifen und eine weibliche Stimme fluchen. Auf dem Weg, der von der Bar ins Inselinnere führt, sieht sie eine Frau, die einen Koffer hinter sich herzieht. Jemand, der gerade neu angereist ist? Nein, die geblümte Bluse kommt ihr bekannt vor. Die Frau verschwindet zwischen den Bungalows, bevor sich Hannah an ein Gesicht oder einen Namen erinnern kann. Der Wind rüttelt an den Palmen. Zweifel tauchen auf. Meinte Clarissa das ernst, als sie sagte, sie würde Sven und Leon rüberschicken? Oder war das nur so dahingesagt? Ich habe Clarissa vollkommen falsch eingeschätzt. Als jemanden, dem alles egal ist. Ich weiß nicht einmal mehr, ob ich besonders freundlich zu ihr war. Ich habe die ganze Zeit nur an mich gedacht. An meinen Job. An meinen Projektbericht. Warum sollten die anderen jetzt alles stehen und liegen lassen, um mir zu helfen, fragt sie sich. Die Lagertür quietscht. Es dauert noch eine Weile, bis Lena aus dem Gebäude tritt. Sie setzt einen Fuß vor den anderen, als würde sie ihre Schritte zählen. Hannah kommt ihr entgegen.

»Hallo, Lena«, grüßt sie und erzählt ihr von dem maroden Schiff.

Lena überlegt. Sie blinzelt. Atmet ein, öffnet dabei den Mund und sagt dann doch nichts. Noch einmal, dann kämpft sie mit ihrer Stimme gegen den Wind an.

»Bis wann … muss es fertig sein?«

»In sechs Wochen. Es soll ein Geschenk werden. Zum Hochzeitstag.«

»Wie schön«, sagt Lena. »Ich werde – nicht mitmachen.«

»Schade«, antwortet Hannah.

»Sechs Wochen … nicht viel.«

»Ja, ich weiß.«

»Deshalb.«

»O. k.«

»Aber wenn es nach den sechs Wochen noch etwas zu tun gibt … dann helfe ich gerne.«

»Super, danke«, erwidert Hannah.

Lena lächelt. Hannah fällt auf, dass sie entspannter und nicht mehr so blass aussieht wie das letzte Mal, als sie sich gesehen haben. Ein geflüstertes »tschüs« kann sie noch von ihren Lippen ablesen, bevor Lena sich umdreht, die ersten Schritte zurück zur Bar macht, stehen bleibt, wieder weitergeht.

***

»Ach, Bodolein, denk dir nichts! Christine kommt bestimmt wieder zurück.«

»Nee, nee. Die meint das ernst! Die kommt nicht mehr.«

Harumi lief herein, sie lächelte wie die letzten beiden Male ein wenig zu angestrengt, ging erst zu Jill und dann zu Bodo und räumte ihnen sämtliche Akten von den Schreibtischen. Bodo seufzte.

»Wunderbar! Ich mach noch mal Kaffee!« Jill schlurfte in die Büroküche.

»A465, A217, A326«, rief Bodo.

»Ja, klau du mir nur alle Akten!«

»Siehst du, so kann das nicht weitergehen. Wir müssen die Prozesse anpassen. Dann kommt vielleicht auch Christine wieder zurück. Ja, ja. Das wäre doch eine Idee. Wenn jeder die abgeschlossenen Akten noch einmal komplett einscannt und abspeichert. Dann könnten wir die Zeit überbrücken, bis uns wieder genug neue Akten angezeigt werden.«

»Nein, Bodo. Ich scanne meine Akten jetzt nicht alle ein, vergiss es!« Jill ging zum Fenster und sah hinaus. Einerseits fragte sie sich, was mit Herrn Albert plötzlich los war. Andererseits wollte sie der Sache nicht auf den Grund gehen. Im Gegensatz zu Bodo und Christine freute sie sich, dass die Aktenstapel ausnahmsweise einmal schneller schrumpften. Sie hörte Bodo tippen, als ginge es um sein Leben. Gestern Abend hatte Jill noch ihr Konto gecheckt. Sie wollte schwarz auf weiß sehen, was sie sich schon vor einem Jahr ausgerechnet hatte: Nach diesem Monat würde sie endlich ihre Schulden los sein. Mit dem übernächsten Gehalt könnte sie sogar schon etwas Geld sparen. Wieder Pläne machen. Vernünftige Pläne. Pläne ohne Onlinebestellungen, ohne vollgestopfte Dachböden, ohne Ratenzahlungen, ohne Verträge mit fiesem Kleingedruckten. Sie könnte sich wieder bei ihren Freunden melden und bei ihren Geschwistern. Einfach so. Schon an ihrer Stimme könnten sie dann hören, dass Jill nichts von ihnen brauchte und dass sie niemanden mehr vertrösten musste. Der Kaffee war durchgelaufen. Sie hatte nicht daran gedacht, dass Christine weg war, und zu viel gemacht. Aber war das nicht Hannah? Jill riss das

Fenster auf. »He! Hannah! Hast du uns vermisst? Magst du reinkommen? Habe gerade frischen Kaffee gebrüht!« Und Hannah winkte ihr zu und nickte.

***

»Nee, nee, Jill! Das kannst du doch nicht machen! Und wer bearbeitet dann die Akten?« Entgeistert sah Bodo zu den drei Frauen, die um Jills Schreibtisch standen.

»Du hältst hier die Stellung, und Harumi und ich sind in spätestens sechs Wochen wieder zurück!«, Jill tunkte einen Keks in ihren Kaffee und ließ ihn zu lange drin. Dort, wo das H war, brach er ab. Sie fischte ihn mit dem Löffel heraus. »Ist doch gerade eh nicht genug zu tun für uns alle!«

Bodos Schultern klappten nach vorne, und als wären sie mit ihnen verbunden, zog es auch seine Mundwinkel nach unten. Dann drehte er seinen Schreibtischstuhl zurück in Richtung Bildschirm und tippte weiter.

»Ach, der tut nur so. Das geht schon klar«, sagte Jill zu Hannah, lachte röchelnd und schlürfte aus der Tasse, auf der in schnörkeligen pinken Buchstaben ihr Name stand.

»Ich könnte die Akten weiterhin zu Clar…, äh, Herrn Albert bringen. Ab und zu, zumindest«, schlug Harumi vor, »dann kann Bodo hierbleiben.«

»Ja, natürlich! Wie es für euch am besten passt«, meinte Hannah und rührte in ihrem Kaffee. Er war noch viel zu heiß, um ihn zu trinken. Sie hätte nicht gedacht, dass sie Jill und Harumi so schnell überzeugen könnte.

»Wo ist eigentlich Christine heute?«, fragte sie.

»Weg«, erwiderte Jill. »Die mag wohl nicht mehr.«

»Gar nicht mehr?«, fragte Hannah. Ihre Erinnerung beantwortete ihr die Frage. Die Frau mit dem Koffer fiel ihr wieder ein. Die geblümte Bluse. Christine war tatsächlich abgereist.

»Sehen wir dann«, sagte Jill und schenkte sich Kaffee nach.

* * *

Hannah setzt sich auf ihr Bett. Ich habe schon einige Mitstreiter gefunden, stellt sie fest. Paolo, Clarissa, Sven, Leon, Jill, Harumi … mehr als erhofft. Morgen werde ich die erste Fähre aufs Festland nehmen und mich am Hafen durchfragen. Ihr fällt das Porträt ins Auge. Paolo hat daran weitergearbeitet: Auf der Lehne des Sessels, links und rechts von ihrem Kopf, hat er zwei Papageien eingezeichnet. Hannah steht auf, um es genauer zu betrachten. Die Vögel sehen lebendig aus. Die Linien entwischen immer wieder ihrem Blick. Das passt, denkt Hannah, selbst als Zeichnung sind Coco und Lora nicht zu greifen. Gleichzeitig scheinen die Elemente auf dem Bild alle miteinander verwachsen zu sein. Als hätten die Vögel, der Sessel und sie selbst einen gemeinsamen Schwerpunkt. Als würden die Linien einer einzigen Quelle entspringen und nach außen drängen, bis das Blatt endet. Und wenn es nicht enden würde? Wenn die Linien unendlich Raum hätten und sie jeden auf der Insel, die ganze Insel selbst, erfassten und miteinander verbinden würden, bis sie sich von ihrem Zentrum lösten? Hannah spürt ein Kribbeln in ihren Fingern, die auf der Decke liegen, auf der Matratze, auf dem Bettgestell, auf den Holzplanken, auf dem Kies unter dem Bungalow, auf dem Inselgestein, das wiederum, vom Meer umspült, fest mit dem Meeresgrund, mit der Erde verbunden ist. Ein Kribbeln und dann eine Leichtigkeit, die in ihre Arme fährt und die Finger von der Decke löst.

***

Jeden Tag kam Herr Albert zu selben Zeit in die Bar und trank sein Feierabendbier. So, wie es sich gehörte. Heute tat er es mal wieder alleine. Er hatte sich schon damit abgefunden, dass die anderen auf der Insel nicht sehr gesellig waren. Dass sie sich in ihren Bungalows verschanzten oder alleine am Strand herumliefen, als hätten sie etwas verloren. Selbst Herr Taubner und Herr Wantke drückten sich oft davor, ihn in die Bar zu begleiten. Weil sie zu müde waren. Weil sie sich ausruhen mussten. Aber wussten sie denn nicht, dass diese Müdigkeit nicht von der Arbeit kam, sondern davon, dass sie alleine waren?, fragte sich Herr Albert. Dass man es nur schlimmer machte, wenn man sich zurückzog und stillhielt? Und wie es einen belebte, wenn man in einer Runde zusammensaß, den ersten kühlen Schluck nahm, redete und lachte? Heute fühlte sich Herr Albert müder als sonst. Er sehnte sich nach alten Zeiten. Nach alten Freunden, von denen er gar nicht wusste, ob sie noch lebten. Wenn er seine Augen schloss, hörte er ihre Stimmen, die Lieder, die sie gesungen hatten, das Aneinanderstoßen der Gläser. Aber einzelne Namen und Gesichter waren inzwischen verloren gegangen. Orte vermischten sich und bekamen schwarze Ränder. Er öffnete seine Augen erneut und sah sich in der Bar um. Leere dunkle Tische rings um ihn herum. Das Lied, das gerade gespielt wurde, hatte er schon öfter gehört. Aber er konnte den Text nicht verstehen. Die Abende, die noch in der Zukunft lagen, reizten ihn nicht. Er rollte das Bierglas zwischen seinen Handflächen. Wie steif seine Finger waren.

Inzwischen hatte er schon Probleme damit, seinen Hosenknopf zu öffnen und zu schließen. Er schob ihn nur noch unter den Gürtel. Der Barmann kam auf ihn zu. Wie hieß er noch gleich?

»Post für Sie, Herr Albert«, sagte er und steckte ihm einen Brief entgegen.

»Für mich?«

Herr Albert griff nach dem Kuvert. Es sah aus, als würde er es Nikolai aus der Hand reißen. Seine Finger waren schuld. Wie sollte er ihn öffnen? Der Barmann reichte ihm ein Messer. Ja, damit würde es gehen. Der junge Mann dachte mit. *CHL Group Berlin*. Die kleinen Buchstaben verschwammen vor seinen Augen. Seine Lesebrille hatte er schon vor Monaten verlegt und sich nicht um Ersatz gekümmert. Was sollte er schon lesen? Er faltete das Blatt auseinander und kniff die Augen zusammen.

> *Sehr geehrter Herr Albert,*
> *wir möchten Ihnen für Ihre herausragende Arbeit und Ihren unermüdlichen Einsatz bei CHL danken.*

Die Zeilen rutschten wieder übereinander. Nein, bitte nicht!, dachte er, während er versuchte, seine Augen zu entspannen. Er wollte nicht gehen. Wo sollte er hin? Seine Hände begannen zu zittern. Ein längerer Absatz folgte. Er kräuselte seine Augenbrauen und strengte sich an, zumindest einzelne Wörter zu entziffern:

… besonderer Auftrag … Bau eines Schiffes … »Gioia« … wir würden Sie bitten … daran zu beteiligen … Baustelle … für die Zeit der Renovierung des Schiffes gesperrt … Ihre Mitarbeiter … ab sofort … die Verlegung Ihres Arbeitsplatzes … Anlegestelle … Fragen wenden Sie sich … Projektkoordinatorin vor Ort. Hannah Kahl.

Mit freundlichen Grüßen
i. A. …

Wer hatte das unterschrieben? Die engen Schleifen der Unterschrift verdeckten den Namen des Absenders. Herr Albert sackte kurz in sich zusammen, stützte seine Stirn mit der Hand ab und richtete sich wieder auf. Er fragte sich, woher die Zentrale von seiner Baustelle wusste. Und wie lange schon? Wer war Hannah Kahl? Welches Schiff sollte gebaut werden? Er verstand den Brief nicht. Frau Lukowski würde ihn ihm morgen noch einmal vorlesen müssen. Das Wichtigste war: Er durfte bleiben! Die Zentrale, die sich noch nie bei ihm gemeldet hatte, wusste von ihm. Sie wusste sogar von seiner Arbeit! Und sie schickten ihn nicht in Rente. Herr Albert lächelte, lehnte sich zurück und hob den Arm, so weit, wie seine Schulter es zuließ.

»Nikolaus! Zur Feier des Tages heute noch ein zweites! Und Sie trinken eins mit. Das geht auf mich! Keine Widerrede!«

14

Hannah wachte auf. Wie spät war es?

»Neun Uhr dreißig!«, sagte Coco, der auf dem Fußende ihres Bettes auf und ab hüpfte. »Die erste Fähre ist schon lange weg. Haha!«

Hannah zuckte nur mit den Schultern, setzte sich auf und stellte sich das Frühstückstablett auf ihren Schoß.

»Dann nehme ich eben die nächste.«

Heute wollte sie sich auf dem Festland nach einem Bootsbauer umhören. Sie packte den Keks aus und zwinkerte Lora zu, die auf der Vorhangstange saß.

Nach dem Frühstück schlüpfte Hannah in das gelbe Kleid und die Sandalen, die Clarissa ihr geschenkt hatte, schnappte sich ihren Projektbericht und ging nach draußen zum Schiff. Die Papageien folgten ihr.

»Ist unser Schiffchen nicht wunderschön? Wunderschöööön?«, sang Lora.

»Ich bin der Kapitän! Haha«, krächzte Coco.

Hannah schüttelte nur den Kopf. Mit kräftigen Flügelschlägen wirbelten sie ihr die Haare ins Gesicht.

»Hey! Was … «

»Guten Morgen, Frau Kahl.«

»Guten Morgen.«

Frau Bergé-Patt stand auf einmal neben ihr.

»Ich bin stolz auf Sie! Es freut mich, dass Sie nun schon so lange bei uns sind. Und dieses Projekt ist eine Chance für alle hier, wenn *Sie* es nur richtig angehen.« Hannah versuchte, nicht vor Frau Bergé-Patts Zeigefinger zurückzuweichen, der auf sie zustach, und unauffällig nach den Papageien Ausschau zu halten. Sie waren aufs Schiff geflüchtet und schmiegten auf der Reling ihre Köpfe aneinander.

»Ich meine, es hat das Potenzial, ein großes Gemeinschaftsprojekt zu werden! Das würde allen hier guttun! Mit Ihrem Frühstück sind Sie nach wie vor zufrieden?«, wechselte sie plötzlich das Thema.

»Ja, ich möchte nur mal gerne eine andere Marmelade ausprobieren.«

»In Ordnung«, sagte Frau Bergé-Patt und holte das Notizbuch heraus.

»Mar-me-la-de«, murmelte sie vor sich hin, während sie schrieb. Dann drehte sie das Buch um, schlug es wieder auf und überkritzelte etwas.

»Folgen Sie mir, Frau Kahl! Ich möchte Ihnen jemanden vorstellen.« Sie wies mit dem Kopf zur Rezeption, hakte sich bei Hannah unter und marschierte los.

***

»No. Not balanced! You see?«

Der Mann hielt seine Hand flach vor Paolo, ließ sie zur Seite kippen und lachte.

»Oh, o. k.« Paolo kratzte sich am Hinterkopf und verzog seinen Mund.

»Ach, die Jungs sind schon am Planen! Wunderbar!«, sagte Frau Bergé-Patt, löste sich von Hannah und griff sich eine der Skizzen, die auf der Theke ausgebreitet waren.

»Hannah Kahl. John Vido. John Vido. Hannah Kahl«, stellte sie die beiden einander vor. »John ist Experte für Schiffsbau. Geradezu eine Koryphäe hier in der Gegend, habe ich mir sagen lassen!«

»Just John, yes! Nice to meet you«, sagte er.

Hannah atmete auf. Sie hätte nie gewagt, Frau Bergé-Patt in das Projekt einzuspannen. Aber offenbar kannte sie die richtigen Leute und servierte sie ihr auf dem Silbertablett.

John prüfte das Schiff mit vollem Körpereinsatz. Er rüttelte mit einer Wucht an der Reling, an sämtlichen Balken, Streben und Griffen, dass Hannah befürchtete, es könnte alles auseinanderfallen. Jedes Mal, wenn das Material standhielt, pfiff er zufrieden durch die Lücke zwischen seinen Schneidezähnen. Nur ab und zu löste sich ein abgenutztes Stück Holz oder es rollten lose rostige Schrauben oder Nägel über den Boden. Schließlich fuhr er noch eine kleine Runde und prüfte im Wasser den Rumpf auf Schäden.

* * *

Das Schiff wird langsamer. Der Wind beruhigt sich, lässt ihre Haare in Frieden und flüstert nur noch in ihren Ohren. Die Wellen sehen für Hannah hoch aus, doch das Schaukeln ist kaum spürbar. Als würde jemand leicht an ihren Schultern ziehen. Sie riecht Algen und altes Holz, das seinen Geruch lieber für sich behalten hätte. Was mache ich hier?, denkt sie. Wie bin ich hierhergekommen? Eigentlich müsste ich jetzt in irgendeinem Büro sitzen. Der Himmel über ihr ist wolkenlos und kräftig blau wie aus einem Reiseprospekt. »Ich arbeite, wo andere Urlaub machen.« Das könnte sie nun sagen. Viele ihrer Freunde würden sie darum beneiden. Viele träumten von einem solchen Arbeitsplatz. Hannah nie. Sie fand diesen Satz immer lächerlich, wenn sie ihn von Bekannten hörte, die übergangsweise als Animateure oder Tourguides jobbten. Das eine war Arbeit, das andere war Vergnügen. Da gab es nichts schönzureden, dachte sie immer. Aber jetzt und hier ist es schön, auch wenn sie es so nicht geplant hat. Jetzt gefällt es ihr, und was sie früher dachte oder meinte, spielt nun keine Rolle mehr. Sie freut sich über das alte Schiff und darüber, wie es sich verwandeln wird. Sie freut sich über die Unterstützung der anderen. Sie freut sich, hier an Deck zu stehen, mit leicht gebräunten Unterarmen, in Kleidung, die nicht ihr gehört, die Haare unordentlich, den Kopf voller Ideen. Ich könnte zurück zum Flughafen fahren, überlegt sie, und bei der Dame am Schalter, bei der ich mich beschwert habe, meinen nutzlosen Koffer zurückgeben. Ich könnte sagen, ich brauche ihn nicht mehr. Ich konnte das Zeug darin die ganze Zeit nicht brauchen. Ich habe völlig falsch gepackt! Oder: »Nein, das ist gar nicht mehr meiner. Können Sie zufälligerweise den Föhn brauchen? Oder eine total überteuerte Seidenbluse?«

Ich könnte einfach auf der Insel bleiben. Egal, wie lange. Meine Wohnung in Berlin kündigen. Warum nicht? Niemand könnte ihr Vorwürfe machen wie: Aber du hast doch gesagt … ! Du wolltest doch immer … Wieso denn jetzt auf einmal? Aber Hannah! Du musst doch … Wie stellen Sie sich das vor? Niemand hat ihr etwas zu sagen. Niemand kann ihr Angst machen. Nicht einmal der Person, die sie noch vor Kurzem war, ist sie Rechenschaft schuldig. Die Hannah, die dachte, sie wüsste, was zu tun sei, die sich alle Türen offenhalten wollte, in der Hoffnung, dass es sich für sie auszahlen würde. Türen, die – wie sie feststellte – alle zum gleichen Korridor führen. Ein paar davon kann sie nun zuschlagen. Schauen, ob neue auftauchen und wohin sie führen. Sich umentscheiden. Sich eine Weile treiben lassen. Ich bin frei, denkt sie, ich war es die ganze Zeit. Sie nimmt sich vor, dieses gute Gefühl in Erinnerung zu behalten, sollte sie die Insel doch verlassen.

***

Frau Bergé-Patt hatte zuvor extra in ihrem Wagen aufgeräumt. Nun war er bis oben hin mit Johns Werkzeug, Eimern, Metalldosen und Plastikfläschchen beladen, deren Inhalt Hannah nicht kannte. In sechs bis acht Wochen müsste die *Gioia* wieder in neuem Glanz erstrahlen, meinte John. Es würde von den Leuten abhängen und ob alles nach Plan liefe. Hannah hätte sich gerne den Plan notiert, den er in seinem Kopf zu haben schien. Aber John winkte ab. Eins nach dem anderen, sagte er.

Er müsse morgen erst einmal die Leute vor Ort instruieren.

Von der Fähre aus konnten sie Herrn Alberts Pavillon sehen. Er war umgezogen und stand nun direkt an der Anlegestelle. Clarissa sprang auf und winkte mit beiden Armen, als wollte sie gerettet werden. Herr Albert schrie irgendetwas. Leon und Sven kletterten aus dem Wasser und griffen nach ihren Handtüchern. Kaum hatte Frau Bergé-Patt den Wagen auf der Insel abgestellt, wurde der Kofferraum von ihnen geplündert.

»Bringt die Sachen erst einmal in Bungalow 12b, der ist frei, Tür ist offen!«, rief Hannah ihnen nach. Sie musste mit John sprechen. War es unbedingt notwendig, das Schiff aus dem Wasser zu holen, oder konnte man die Reparaturen durchführen, während es im Wasser lag? Michael hatte sechs Wochen gesagt und nicht acht.

»Sind Sie Frau Kahl?« Herr Albert war aufgestanden und ging ein paar wackelige Schritte auf sie zu.

»Ja.«

Er schüttelte ihr die Hand.

»Herr Taubner und Herr Wantke gehen Ihnen zur Hand! Ich habe Werkzeug hier, falls etwas fehlt.« Er zeigte auf die kleine Kiste neben seinem Ohrensessel.

»Danke, Herr Albert. Ich komme gerne darauf zurück«, sagte Hannah.

»Herr Albert, Sie müssen mehr trinken!« Clarissa hielt ihm ein Glas Wasser hin. Herr Albert setzte sich und trank es in einem Zug aus. Die Fähre legte ab.

»See you tomorrow!«, hörte sie John noch sagen.

Ja, dann konnten sie heute wohl nichts mehr tun. Hannah sah sich die Rechnungen durch. Bis jetzt hielten sich die Ausgaben in Grenzen. Das meiste würde wohl für Johns Beratung und die Einrichtung draufgehen.

»Wir haben alles aufgeräumt. Können wir sonst noch etwas tun?«

»Danke euch! Nein …«, sagte Hannah.

»Doch!«, mischte sich Herr Albert ein. »Ihr kommt jetzt alle mit zu Nikolaus! Der macht uns ein schönes Feuerchen vor seiner Bar.«

»Nikolai«, verbesserte Clarissa ihn.

»Eine wunderbare Idee!«, sagte Frau Bergé-Patt, schlug die Autotür zu und ging voraus.

* * *

Hannah blieb stehen, sobald sie das Feuer roch. Der Rauch breitete sich wie lichter werdender Nebel vor ihr aus. Verkohltes Holz und Erinnerungen. Sie wich nicht aus, sondern stellte sich dem Rauch direkt in den Weg. Er wurde dichter, beißender. Gleich würde er in ihren Augen brennen und ihren Hals reizen. Milde Meeresluft mischte sich darunter und umhüllte sie. Lagerfeuer. An das letzte konnte sie sich nicht erinnern. Aber an eine Handvoll Abende am See. Oder Abende in irgendeinem Garten vor langer Zeit: Zelte, die ihre Schnüre in die Dunkelheit streckten. Unbändige Vorfreude. Weidenstöcke, die man tagsüber geschnitzt hatte und dann im Schein des Feuers bewunderte. Finger, die über Verzierungen fuhren. Ihre Hände, schmaler, jünger, schmutziger. Angestrengt, den Stock für die richtige Zeit an die richtige Stelle zu halten. Zäher Stockbrot-Teig, der sich heiß nicht ablösen ließ. Aufgespießte Würstchen, die nicht halten wollten. Taschenmesser, die verkohlte Stellen abkratzten. Die beste Mahlzeit des Sommers. Jedes Mal. Rauch, der sich plötzlich drehte. Kichern. Diskussionen, wer nachlegen durfte und wie viel. Wie man am Ende immer näher zur letzten Glut rückte, um sich zu wärmen. Und dann dieses widersprüchliche Gefühl, wenn man das Feuer nicht löschen wollte, sich aber trotzdem über das laute Zischen und Dampfen des Wassers freute, die Glut sich irgendwann ergab und man im kühlen Finstern stand und zufrieden am Ärmel seines Pullis roch.

Hannah ging weiter. Sie könnte das wiederhaben. Heute. Jetzt. Hier. Nikolai hatte die Stühle aus der Bar um das Feuer gestellt. Er legte noch etwas

Reisig nach, das schnell in Flammen aufging und in sich zusammenfiel. Der Wind drehte sich. Clarissa sprang auf, hustete und zog ihren Stuhl hinterher. Herr Albert und Paolo lachten. Coco und Lora hatten einen Platz für Hannah frei gehalten, links neben Frau Bergé-Patt, die gerade ihre Schuhe ausgezogen hatte und ihre Zehen zum Feuer streckte.

»Gebt mir das nächste Mal früher Bescheid. Dann besorge ich noch etwas zum Grillen. Das ist doch schließlich meine Aufgabe!«, sagte sie.

»Darum hat sich Michael schon gekümmert«, erwiderte Nikolai.

»Ach ja?« Frau Bergé-Patt zog ihre Zehen zurück, »Hm.«

»Fisch. Er hat heute einiges gefangen.«

»Schon in Ordnung.« Sie lehnte sich wieder zurück.

Leon und Sven kamen. Frisch geduscht und mit Charly im Schlepptau. Hannah war erleichtert, als sie sah, dass er seine Querflöte nicht dabeihatte. Als könnte er ihre Gedanken lesen, zeigte er seine leeren Handflächen und sagte: »Gitarre kann ich leider nicht!«

Herrn Alberts Augen begannen auf einmal zu leuchten.

»Wir, wir könnten nachher etwas zusammen singen!«, rief er.

»Oh ja!« Clarissa klatschte in die Hände.

Michael und Giovanna kamen und stellten zwei große Körbe ab.

»Was wollt ihr trinken?«, fragte Nikolai sie, der für Frau Bergé-Patt gerade eine Flasche Bier aufmachte.

»Wir haben selber was dabei!«, sagte Michael und zeigte auf den Rotwein im Korb.

»Ihr macht uns alle noch arbeitslos!«, bemerkte Frau Bergé-Patt und warf dann Nikolai einen amüsierten Blick zu.

»Jetzt lasst euch doch mal von uns einladen!« Michael lachte.

»Ich habe auch Geschenke für euch alle dabei«, verkündete Giovanna und überreichte Armbänder und Schlüsselanhänger. Hannahs Armband bestand aus kleinen dunklen Perlen, die im Licht rot und grün schimmerten. Es begann zu dämmern. Die Papageien zupften am Reisig am Rande des Feuers. Kleine orangene Funken flogen durch die Luft. Hannah verfolgte sie, bis sie erloschen. Unter dem Stuhl neben ihr lag Bella, die Schnauze zwischen die Pfoten gelegt.

»Also was singen wir jetzt?«, fragte Charly.

»Vorher sollten wir erst einmal einen Happen essen«, schlug Frau Bergé-Patt vor und nahm noch einen großen Schluck von ihrem Bier.

»Ahhhh! Die Glut ist jetzt genau richtig für den Fisch!«, sagte Michael.

Sie aßen, tranken, sangen und lachten und rückten dabei immer näher zusammen. Clarissa und Paolo brachten irgendwann Herrn Albert ins Bett, damit er nicht einschlief und vom Stuhl kippte. Alle wurden müde und stiller. Aber niemand wollte gehen.

»Können wir das nicht immer machen?«, sprach Clarissa schließlich aus, was alle dachten. »Bitte!«

»Also treffen wir uns morgen wieder, aber dann mit allen!«, sagte Frau Bergé-Patt. »Und ich besorge auch gerne was zu essen«, stellte sie klar.

15

Der Rumpf war in Ordnung und musste nur punktuell ausgebessert werden. Hannah war zunächst erleichtert, dass das Schiff im Wasser bleiben konnte und es nirgendwo leckte. Aber mit Paolo und Michael war sie nun schon seit Tagen damit beschäftigt, die zahlreichen rostigen Stellen so zu behandeln, wie John es ihnen erklärt hatte. Im Halbdunkeln krochen sie mit Pinseln, Spachteln, Tuben und Eimern im stählernen Bauch des Schiffes herum und schwitzten.

»Dieses Zeug stinkt vielleicht!« Paolo verzog das Gesicht. »Gesund kann das nicht sein!«

»Pass auf, sonst fängst du noch an zu halluzinieren!«, erwiderte Michael schmunzelnd und schlug ihm auf den Rücken.

»Was? Dass ich ein berühmter, seekranker Künstler bin?« Paolo lachte.

»Da vorne ist noch eine Stelle, und dann sind wir hier unten komplett fertig«, sagte Hannah. »Nächste Woche müssen wir dann draußen ran.«

»Wie soll das gehen?«, fragte Paolo.

»Mit dem Ruderboot. Oder vom Steg aus. Oder wir seilen dich einfach von oben ab!«, schlug Michael vor.

»Nein, danke!«

Über sich hörten sie Schritte. Ein Gerät wurde angeworfen. Das ganze Schiff vibrierte und etwas rieselte durch die Decke.

»Stopp! Wartet!«, schrie Hannah und stieß die Luke nach oben auf. Sven und Leon wollten gerade damit beginnen, die Holzböden abzuschleifen.

»Gebt uns zehn Minuten! Und dann lasst uns das unten abdecken! Das ist alles noch nicht trocken.«

»Also gut.« Sven legte das klapprige Teil wieder zur Seite.

»Habt ihr die Möbel schon repariert?«

»Ja, der Tisch ist wie neu. Den kann man wieder einbauen. Aber bei den Bänken war nichts mehr zu machen. Michael meinte auch, die können wir verheizen.«

»Mist. Dann sage ich Jill, sie soll neue besorgen«, antwortete Hannah und kletterte wieder zurück nach unten. Das Schiff war geräumig, und die Aufgaben hatte sie gut aufgeteilt, aber trotzdem kam man sich beim Arbeiten schnell in die Quere oder machte dort Dreck, wo andere gerade für Ordnung gesorgt hatten.

»Paolo? Hast du die verspachtelte Stelle an der Reling schon abgeschliffen? Wenn nicht, könnte das Sven gleich erledigen, bevor wir die lackieren. Sind die Folien noch hier unten? Oder hat die schon wieder jemand in den Bungalow geräumt?«

»Die habe ich! Und Klebeband ist auch genug da!« Michael ließ die Rolle um seinen Zeigefinger kreisen.

»Perfekt, dann bis gleich.«

Hannah stieg zurück an Deck, richtete sich auf und streckte sich. Ihre Muskeln waren angestrengt, aber nun angenehm entspannt. Ihre Augen gewöhnten sich nur langsam ans Tageslicht. Die Sonne brannte auf sie herunter, gleichzeitig wehte eine frische Brise über ihre verschwitzten Arme. Es schüttelte sie kurz. Die Papageien landeten auf ihren Schultern. Lora lehnte sich gegen ihre Wange. Coco hob mit drei kräftigen Flügelschlägen ab und segelte nach unten zum Pavillon. Mit seinen Füßen krallte er sich im Flug blitzartig das Taschentuch, das Clarissa gerade Herrn Albert reichte, und ließ es gleich wieder fallen. Neben dem Pavillon stand nun nicht mehr nur Clarissas Schreibtisch, sondern auch ein kleiner Tische aus der Bar und ein Sonnenschirm, den Hannah zuvor noch nie gesehen hatte. Darunter hatten es sich Jill und John eingerichtet: mit Kaffee, Zigaretten, Keksen und einem Ventilator, der sich umsonst abmühte.

»Frau äh, Frau …«

»Jill heiße ich.«

»Frau Jill, wären Sie so freundlich, mir einen Milchkaffee zu geben?«, fragte Herr Albert.

»Aber sicher doch! Zucker?«

John sah zum Schiff und lachte.

»Warum lacht er denn so?«, fragte Herr Albert Jill. Er konnte weder Johns Englisch verstehen noch sehen, was auf dem Schiff vor sich ging.

»Wegen Paolo, schauen Sie, wie er da vorne an der Reling hängt! Meine Güte, der stürzt gleich ins Wasser. Paolo! Was machst du denn da? Paolo!«, schrie sie plötzlich und riss die Arme hoch. Paolo erschrak so sehr, dass er das Stückchen Schleifpapier in seiner Hand ins Meer fallen ließ.

John lachte noch mehr. Herr Albert kniff seine Augen zusammen.

»Ist er reingefallen?«

»Nein.«

»Vielen Dank auch, Jill!«, rief Paolo nach unten.

»Ja! Sorry, aber das kann man nicht mitansehen! Turn doch nicht so rum da, Junge!« Sie schnaubte einmal laut durch ihre Nase und reichte Herrn Albert seinen Kaffee.

Clarissa hatte ihr Smartphone gezückt, um ein paar Fotos zu schießen.

»Ich könnte einen Blog zum Projekt basteln«, überlegte sie laut, »Beautiful Boat People …«.

Herr Albert schaute sie fragend an, sagte aber nichts. Er schätzte die Gesellschaft der anderen. Der Rummel machte ihn leider noch schneller müde als sonst. Er legte seinen Kopf an die Lehne seines Sessels und schloss die Augen.

Harumi kam angelaufen. Sie gab Jill und Clarissa ein High-Five und stempelte dann die Blätter selbst.

»Warum sind das so viele?«, fragte Jill.

»Weiß ich nicht«, antwortete Harumi mit einem entschuldigenden Lächeln.

»Kommt Bodo klar?«

Harumi lächelte erneut und hob ihre Schultern ganz leicht. Sie wollte gerade wieder gehen, als Bodo den Weg entlanggestolpert kam. Sein Gesicht war bleich, fast grau, wie der Kies.

»Es ist unmöglich!«, keuchte er, »Es geht nicht, nee, nee, keine Chance! Die Akten – es sind – so viele Akten auf einmal! Zu viele!«

Jill packte ihn an seinen schmalen Schultern und setzte ihn auf ihren Stuhl.

»Beruhige dich mal, Bodolein. Hier trink mal 'nen Schluck Wasser.«

Bodos Hände zitterten.

»Jill, bitte, komm mit. Die Akten!«

»Na gut. Sehen wir uns das an.«

Harumi und Jill folgten Bodo zum Büro. Sein Schreibtisch war mit Akten überhäuft. Sobald er den Bildschirm erblickte, schlug er die Hände vor die Augen und gab einen verzweifelten Laut von sich.

»Du meine Güte!« Jills Kiefer klappte nach unten.

Im Fenster ploppte jede Sekunde eine neue rote Aktennummer auf. Die Buchstaben und Zahlen flimmerten in einem mörderischen Tempo über den Bildschirm. Schneller und schneller. Dann wurde der Bildschirm schwarz.

»Bodo, vergiss es! Da ist was kaputt.«

»Aber jemand muss doch …« Er setzte sich wieder auf seinen Drehstuhl.

»Nein, Bodo, lass es«, sagte Jill. »Vielleicht ist das ein Virus oder so. Kannst du ja nix für! Muss sich von der Zentrale wer kümmern. Mach halt bei uns mit!«

»Nee, nee«, sagte Bodo und folgte ihnen trotzdem mit etwas Abstand zurück zur Anlegestelle. Dort war Frau Bergé-Patt vorgefahren. Sie hatte gekühlte Getränke dabei und mehrere Tabletts voller Sandwiches. Eines davon wurde gerade von Leon, Sven und Michael leer geräumt. Bodo zögerte immer noch und blieb etwas abseits stehen.

»Aber Herr Albert ...!«, fing er an.

»Herr Albert sitzt dort drüben!«, unterbrach Jill und zeigte auf den alten Mann, der sich umsah, als wäre er gerade aufgewacht, sich aber gleich wieder fasste, als er Bodo erblickte.

»Wo haben Sie sich denn die ganze Zeit versteckt? Gütiger Gott, Sie sind weiß wie ein Gespenst! Nun helfen Sie schon mit, hier gibt es viel zu tun!«

»Ja, ja«, antwortete Bodo. »Ja, ja.« Er sah Herrn Albert lange an und nahm sich dann ein Schinken-Käse-Sandwich.

* * *

Fast jeden Tag kamen sie nun nach der Arbeit vor der Bar zusammen und saßen um das Feuer. Charly hatte sich inzwischen sogar eine Gitarre angeschafft und übte die immer gleichen Akkorde. Herrn Alberts Laune wurde von Tag zu Tag besser. Er blieb nie lange, aber er sang und grölte und lachte – und schimpfte viel weniger als sonst. Ab und zu versuchte er, Leon, Sven und Nikolai zu Trinkspielen anzustiften. Clarissa lief mit ihrem Smartphone herum und machte dunkle verschwommene Fotos. Giovanna knüpfte im Schein des Feuers an einem riesigen Perlenvorhang für das Schiff. Neben ihr lag Michael als Einziger auf dem Boden und stocherte mit einem Zweig in der Glut herum, auch wenn ihm schon vom Rauch die Augen tränten. John nahm nicht mehr die letzte Fähre zurück ans Festland. Sein Platz war neben Jill, die sich verstohlen umsah und im Dunkeln seine Hand hielt. Frau Bergé-Patt und Bodo stellten fest, dass sie aus demselben Ort stammten und redeten stundenlang über gemeinsame Bekannte und tauschten alte Tratschgeschichten aus. Paolo war immer sehr müde und hielt sich zurück. Wie Hannah auch. Sie saßen dazwischen, hörten zu, lachten mit und waren froh, dabei zu sein. Nur Lena fehlte. Auch heute.

»Arbeitet Lena wieder drinnen?«, fragte Hannah Nikolai.

»Ich weiß nicht, was sie da macht. Ich hab ihr ja gesagt, dass wir die Getränke nicht alle einzeln abrechnen. Vielleicht ist sie auch überfordert mit so vielen Leuten.«

»Wir sollten nach ihr schauen. Vielleicht kommt sie doch mit.«

»O. k., aber erwarte nicht zu viel«, entgegnete Nikolai und stand auf.

Lena saß auf einem Barhocker hinter dem Tresen. Die Haare hingen ihr über die Brille. Als sie Nikolai und Hannah erblickte, legte sie den Stift neben der Strichliste ab. Sie wirkte unglücklich.

»Warum setzt du dich nicht zu uns raus, Lena?«, fragte Hannah.

»Ich würde ja. Aber … möchte … mich … nicht an euch gewöhnen.«

Mit dieser Antwort hatten sie nicht gerechnet.

»Ihr … alle vor mir gehen. Ich bleibe … als Einzige hier. Ich muss hierbleiben«, erklärte Lena leise, »für immer.«

»Ach, so ein Quatsch! Ich bin doch schon viel länger hier als du! Und ich habe nicht vor zu gehen!«, widersprach Nikolai und schlug auf den Tresen. Lena zeigte keine Reaktion.

»Die Zeit wird für mich … langsamer, und irgendwann hält sie an … ihr rast vorbei. Und ich bleibe stehen. Ihr versteht das nicht.«

»Dann komm raus und erklär es uns, wenn es sich mit deiner Zeitrechnung vereinbaren lässt! Wir hören dir zu!«, forderte Nikolai sie auf.

»Setz sie nicht so unter Druck«, zischte Hannah ihm zu, die nicht verstand, weshalb er auf einmal so gereizt war.

»Warum … mich dabei haben?«, fragte Lena.

»Es wäre schön, wenn wir ein bisschen Zeit mit dir verbringen könnten. Das ist alles«, sagte Hannah.

»Ja. Einfach so!«, fügte Nikolai hinzu, hob Lena vom Barhocker und trug sie nach draußen zu den anderen. Und als hätte man sie umgepflanzt, saß sie von nun an jeden Abend dort, schon bevor das Feuer brannte.

16

Hannah steht in dem Bungalow, den sie die letzten Wochen als Lager genutzt haben, und sieht sich um. Hier gibt es nichts mehr zu tun, stellt sie fest. John hat das Werkzeug schon abgeholt. Jill hat den Müll entsorgt. Paolos Sachen lasse ich lieber stehen. Die Farbe braucht er bestimmt noch. Diese Woche werden wir fertig. Wie schnell jetzt am Ende alles Gestalt annimmt …

Vom Fenster aus kann sie das Schiff sehen und Paolo und Harumi, die die letzten Details umsetzen.

Es ist gut geworden. Es ist viel besser geworden als erwartet! Giovanna und Michael wird es gefallen, denkt Hannah. Die *Gioia* passt perfekt zu ihnen. Und alles läuft weiterhin nach Plan: Nächste Woche ist ihr Hochzeitstag, und dann wird das Schiff getauft. Hannah hat die Party heimlich mit

Frau Bergé-Patt organisiert, der ohnehin nichts entgehen würde, was auf der Insel passiert. Catering, Live-Musik, Feuerwerk, Lampions auf dem Steg … Die Party wird mein Dankeschön an alle, überlegt Hannah und empfindet Vorfreude. Ohne John und Michael hätte ich gar nicht gewusst, wo ich anfangen soll. Ohne Herrn Albert, Leon und Sven hätte alles dreimal so lange gedauert. Paolo, Jill, Bodo, Harumi, Clarissa, Giovanna … ohne ihre phänomenalen Ideen wäre die *Gioia* ein unscheinbarer Kutter geblieben.

»Und Frau Bergé-Patt hat das beste Essen!«, ruft Lora.

»Und Nikolai das kühlste Bier. Haha!« Coco segelt direkt an ihrem Kopf vorbei.

»Und ihr die größte Klappe.« Hannah lacht.

»Warum hältst du deine Dankesrede nicht, wenn alle sie hören können?«, fragt Lora, während Coco versucht, mit seinem Schnabel den kleinen Eimer mit der roten Farbe aufzustemmen.

»Ich werde mich schon noch bei allen bedanken«, versichert Hannah, »und verabschieden, vielleicht.«

»Waaas?« Coco lässt den Blechdeckel, der sich nun endlich gelöst hat, mit einem Scheppern fallen. »Du verlässt die Insel? Du lässt uns hier zurück? Aber es war doch so schön hier! Gerade die letzten Wochen!«, protestiert er.

»Ich hab mich noch nicht entschieden«, antwortet Hannah. »Aber das Projekt ist dann abgeschlossen. Es wäre ein guter Zeitpunkt für den Absprung. Und es kann doch nicht ewig so weitergehen, oder?«

»Warum nicht?«, fragt Lora und legt ihr Köpfchen schief.

»Keine Ahnung«, sagt Hannah.

»Es gefällt dir doch hier.«

»Ja, das stimmt«, gibt Hannah zu. »Ich hätte nie gedacht, dass es mir hier so gut gefallen könnte.«

»Dann bleib doch einfach!«, krächzt Coco.

»Mal abwarten«, entgegnet Hannah, lächelt und geht nach draußen in die Sonne. Gestern hat sie mitbekommen, wie Frau Bergé-Patt einen Informatiker zum Büro gefahren hat, der das Programm wieder zum Laufen bringen sollte. Damit Bodo und Jill – oder wer auch immer das in Zukunft tun möchte – dort wie gewohnt ihre Akten bearbeiten können. Es würde sie nicht wundern, wenn die heimliche Geschäftsführung auch für sie ein neues Projekt aus dem Ärmel schüttelte, um sie auf der Insel zu behalten. Aber wenn sie bleibt, soll es ihre eigene, bewusste Entscheidung sein, beschließt sie. Kein Weitermachen aus Bequemlichkeit. Kein »Es hat sich so ergeben«.

* * *

»Und hier geht es nach drinnen. Tada!«

Clarissa versuchte, den Perlenvorhang für Herrn Albert aufzuhalten. Er verhedderte sich trotzdem. Das leichte Schwanken machte das Gehen für ihn noch anstrengender, als es ohnehin schon war. Trotzdem ließ er es sich nicht nehmen, sich, von Clarissa gestützt, durch das fertige Schiff führen zu lassen.

»Da haben meine Jungs ganze Arbeit geleistet!«, rief er stolz aus und patschte mit seiner Hand gegen die neu lasierten Holzplanken.

»Ach, die Mädels auch!«, sagte Clarissa.

»Mhm«, gab Herr Albert von sich. »Aber wer hat denn den Tisch so komisch angemalt? Sollen das Fische sein?«

»Ja, die hat Paolo gemalt. Und sehen Sie, den kann man hier hochklappen, dann ist er doppelt so groß.«

»Aha. Interessant«, nuschelte er.

Hannah lehnte draußen an der Reling und hörte den beiden amüsiert zu, als sie Nikolai zum Schiff kommen sah. Auf dem Steg blieb er unvermittelt stehen.

»Hey, komm hoch!«, rief sie.

Aber er blickte nur zu Boden. Irgendetwas stimmte nicht, dachte Hannah. Irgendetwas war nicht in Ordnung. Sie ging ihm entgegen. Der Weg zum Steg kam ihr weiter vor als sonst und das Meer unheimlich still. Warum bewegte er sich nicht? Warum sagte er nichts?

Was er dann sagte, kam nicht wirklich bei ihr an: Michael ist tot. Ein Tumor. Er hatte ihn schon länger. Am Ende ging alles ganz schnell.

Sie konnte nichts darauf erwidern. Sie betrachtete die Kiesel und ließ die Gedanken auf sich zukommen: Nein, das kann nicht sein. Michael sah nicht krank aus. Zumindest ist es mir nie aufgefallen. Er hatte enorm viel Kraft und Energie! Oder? Und dann: Warum? Warum haben wir von seiner tödlichen Krankheit nichts bemerkt? Und warum jetzt, wo das Schiff fast fertig ist? Was ist nun mit der Party? Dem ganzen Projekt? Sie hatten es pünktlich abgeschlossen, und es war trotzdem zu spät. Für Michael. Alles umsonst.

Nikolai legte seine Hand auf ihren Arm. Hannah schämte sich für ihre letzten Gedanken. Jemand ist gestorben! Es ging nicht um ihr Projekt. Michael ist tot. Nein, sie begriff es nicht. Noch nicht. Noch glaubte sie, er könnte hier irgendwo auf der Insel sein. Wären nicht Nikolais gerötete Augen. Er zögerte, sie in den Arm zu nehmen. Ich sollte ihn trösten, nicht er mich, dachte Hannah. Er kannte Michael viel länger und viel besser als ich. Sie umarmte ihn, hielt ihn fest, und für einen kurzen Moment schien es, als würde er gleich in sich zusammensinken. Sie fühlte nichts. Es war zu früh, um irgendetwas zu fühlen. Sie suchte noch nach Erklärungen, die es nicht gab.

»Wo ist Giovanna?«, fragte sie ihn.

»Frau Bergé-Patt ist bei ihr und kümmert sich um alles.«

Natürlich.

»Wusstest du davon? Also … dass er krank war?«

»Nein, wusste ich nicht. Vielleicht hätte ich es wissen können, aber – nein.«

Es klang für Hannah, als würde er sich Vorwürfe machen.

»Und die anderen haben auch nichts bemerkt, oder?«, bohrte sie nach.

»Ich weiß es nicht.«

Hannah löste sich von ihm und drehte sich um. Clarissa und Herr Albert waren noch auf dem Schiff. Sie hörte Clarissa lachen.

»Ich muss es den anderen sagen«, murmelte Nikolai und schluckte.

»O. k.«

»Die Bar ist immer offen. Also falls …«

»Das ist gut. Bis dann«, erwiderte Hannah und ging in ihren Bungalow.

* * *

Ihre Schritte sind mechanisch. Sie kommt sich vor wie in einem Traum. Von einer Sekunde auf die andere wandelte sich der Tag in einen unwirklichen, der aus der Reihe fällt, den sie nicht mehr vergessen wird. Sie geht in ihrem kleinen Zimmer umher. Hannah sieht sich um. Die Papageien sind nicht im Raum. Und sie ist froh darüber. Sie möchte alleine sein und fühlt sich auf einmal sehr erschöpft. Eine ganze Menge Gefühle kommen an die Oberfläche, die sie nicht einordnen kann. Vermischt mit Erinnerungen an Michael. Michael, wie er vor ihrer Tür steht, ein Lächeln in den Augen, die Weinflasche in der Hand. Nie wieder. Michael am Lagerfeuer, wie er in der Glut herumstochert. Nie wieder. Es war nicht der Rauch, der in seinen Augen brannte, wird Hannah klar. Der Kloß in ihrem Hals lässt sich nun nicht mehr herunterschlucken. Michael Hand in Hand mit Giovanna am Strand. Nie wieder. Giovanna musste es doch gewusst haben! Und sich nichts anmerken lassen? Wie soll das gehen? Hannah merkt, wie sich ihr Magen bei dem Gedanken an Giovanna zusammenzieht. Was hätte es auch für einen Unterschied gemacht, wenn ich es gewusst hätte – oder die anderen, überlegt sie. Wie hätte ich mich Michael und Giovanna gegenüber verhalten? Wie geht man mit einem Sterbenden um? Wir rechnen nicht mit dem Tod, das ist es, denkt Hannah und legt sich auf ihr Bett. Ihr Körper fühlt sich schwerer an als sonst. Es hätte mich weniger überrascht, wenn mir Nikolai vorhin erzählt hätte, dass Herr Albert an einem Herzinfarkt gestorben sei. Weil er alt ist. Und schwach. Aber Herrn Albert geht es gut. Gott sei Dank. Michael ist gestorben. Es hätte auch Paolo sein können, oder Charly, oder Clarissa – und ich wäre genauso geschockt gewesen. Als würden sie alle fürs Sterben nicht infrage kommen. Als würde man selbst auch nicht infrage kommen. Als hätte man ein Recht auf ein langes Leben. Auf einen vorhersehbaren Tod. Auf einen für alle vorhersehbaren Tod, der niemanden hart trifft. »Manchmal gibt es Zeiten im Leben, in denen man nichts aufschieben sollte«, hatte Michael am Steg zu ihr gesagt. Aber genau so leben wir. Als hätten wir Lebenszeit bis zum Rentenalter und darüber hinaus gebucht. Hannah erinnert sich. An ihre Cousine. Sie war mit einundzwanzig Jahren bei einem Autounfall gestorben, als Hannah dreizehn war. Ihr fallen auf einmal die Sätze ein, die ihre Verwandten immer wieder gesagt hatten. Sätze wie: »Sie hatte ihr ganzes Leben noch vor sich.« Oder: »Sie wäre eine tolle Ärztin geworden«, oder auch: »Heute wäre ihr dreißigster Geburtstag gewesen«. Sätze, mit denen man an sie erinnern wollte, mit denen man sich trösten wollte, die aber sonst keinen Sinn ergaben, bemerkt Hannah nun. Meine Cousine hatte kein Leben vor sich. Keinen einzigen Tag mehr. Sie hat nie als Ärztin gearbeitet. Ihr dreißigster Geburtstag war nie vorgesehen. Man kann nicht verlieren, was man nicht hat. Ihre rosige Zukunft war nichts als Fiktion im Kopf anderer Leute. Das, was Zukunft immer ist. Auch jetzt. Giovanna und Michael auf dem Schiff an ihrem Hochzeitstag. Ich habe mir diese Szene so schön ausgemalt. Sie so fest eingeplant, als hätte ich ein Recht darauf. Aber es waren nur meine Gedanken, meine Vorstellungen, meine Erwartungen. Wahrscheinlich auch die von Nikolai oder Jill und allen anderen, die nicht wussten, dass er so krank war. Michael ahnte vielleicht, dass er möglicherweise nie mit dem fertigen Schiff fahren würde. Und trotzdem ließ er es renovieren. Trotzdem kam er jeden Tag und baute es mit uns aus, als wäre alles in Ordnung. Warum? Hat er das für sich getan? Für Giovanna? Für uns alle? Damit für uns alles in Ordnung war? Denn genau das war es. Für mich war alles in Ordnung … Michael ist tot. Und wir sind übrig. Wir sind noch da. Mit dem Schiff und unseren Erinnerungen an ihn. Wir machen die Party trotzdem, beschließt Hannah. Wenn Giovanna nichts dagegen hat, sollten wir nächste Woche feiern, wie Michael gerne gefeiert hat.

17

Giovanna hatte nichts dagegen. Die Feier fand statt. Mit Fisch, Spaghetti und Rotwein. Es wurde gelacht, geweint und gesungen – und der Nebel vor ihrer aller Augen lichtete sich kurz. Hannah begriff in den kommenden Tagen immer mehr, warum Michael unbedingt die *Gioia* fertigbauen wollte. Das Schiff war sein Erbe. Sein Geschenk an Giovanna und an alle anderen. Sie sind als Gruppe zusammengewachsen, seit sie angefangen haben, an dem Schiff zu arbeiten. Und das zahlte sich jetzt aus: Sie konnten Giovanna auffangen. Sie konnten sich gegenseitig auffangen und aus dieser schweren, traurigen Zeit eine erträgliche machen. Abends fanden sie sich weiterhin am Lagerfeuer zusammen. Nikolai bestand darauf. Zunächst saßen sie nur stumm nebeneinander. Manchmal weinte jemand. Manchmal war die Stimmung fast wie zuvor. Sie waren alle erleichtert, dass gerade niemand Neues auf die Insel kam. Dass sie unter sich bleiben konnten. Denn die Lücke, die in die Gruppe gerissen wurde, konnte und sollte niemand füllen. Sie war groß und für alle deutlich spürbar. Sie weckte Bedürfnisse: Die Menschen auf der Insel rückten immer mehr zusammen. Sie öffneten sich. Sie hörten einander zu. Sie breiteten voreinander ihr Leben aus, da sie nur dieses eine hatten. Sie wollten gesehen und gehört werden. Jetzt. Hier. Mit ihren Hoffnungen und Träumen. Mit ihren Schwächen und Ängsten. Sie lernten sich neu kennen und revidierten ihre Meinungen übereinander. Sie begannen zu verstehen, wie die anderen zu den Menschen wurden, die sie heute sind. Wie Clarissa zu Clarissa wurde. Hannah zu Hannah. Charly zu Charly. Jeder gewann in den Augen der anderen eine Dimension hinzu. Eine Dimension, die von den anderen bislang nicht wahrgenommen werden konnte und die ihnen vielleicht selbst bislang nicht bewusst gewesen war.

Tagsüber kehrte der Alltag auf der Insel wieder ein. Jill und Bodo kümmerten sich um die Akten, die nun wieder von zwei Personen zu bewältigen waren. Clarissa ließ den Pavillon direkt neben das Büro versetzen und bestellte Herrn Albert einen neuen Ohrensessel mit Fußstütze. Leon und Sven bauten auf Anweisung ihres Chefs nach und nach alle Mauern am Strand ab und sortierten die Steine nach ihrer Größe. Was danach damit passieren sollte, wussten sie noch nicht. Und das mussten sie auch nicht wissen. Harumi lief nicht mehr mit den Akten die Kieswege entlang. Sie lief zu Jill, um mit ihr Kaffee zu trinken, zu Charly, um mit ihm Frisbee zu spielen, zu Giovanna, um ihr neue Perlen vorbeizubringen. Lena verließ die Bar und übernahm die Rezeption von Paolo, der schon seine nächste Ausstellung vorbereitete. Und Hannah sah zu, wie alle wieder ihren Platz auf der Insel fanden. Einen Platz, an dem sie sich wohlfühlten, der wie für sie gemacht schien. Und wann immer sie wollten, fuhren sie mit der *Gioia* zum Festland oder einfach nur aufs Meer hinaus, um dann zu ihrem Zuhause auf der Insel zurückzukehren.

Hannah war noch nicht bereit für ein neues Projekt. Ihr wurde klar, dass sie auf der Insel auch gar keins mehr annehmen wollte. Die Papageien waren nach wie vor bei ihr, aber sie wurden ruhiger. Die Flügelschläge wurden weicher, ihre Farben blasser. Mit ihrem Schweigen bestärkten sie Hannah darin, dass es Zeit für sie war, die Insel zu verlassen. Sie hörten auf, Hannah zu widersprechen oder ihr Fragen zu stellen. Und das mussten sie auch nicht mehr. Hannahs Denken – ja, ihre ganze Sicht auf die Dinge – hatte sich mit ihrer Hilfe verändert. Es war, als hätte sie ihre eigene Stimme wiedergefunden. Eine zuversichtliche, freundliche Stimme.

***

Hannah rechnete nach. Fünf Monate war sie nun hier. Heute war ihr letzter Tag. Von Coco und Lora war nichts mehr übrig als zwei Schatten, die gelegentlich über den Boden oder die Wände huschten. Sie legte die kratzige Tagesdecke auf das Bett, rollte den gepackten Koffer aus ihrem Bungalow, warf einen letzten Blick hinein und sperrte ab. Sie wäre auch mit der Fähre ans Festland gefahren, aber Jill hatte ihr angeboten, sie mit der *Gioia* dorthin zu bringen, da sie heute sowieso John abholen wollte. Als Hannah an die Rezeption kam, lehnte dort schon ein bis zum Bersten gefüllter Stoffkoffer an einer der Zimmerpalmen. Sie legte die Projektbox und den Schlüssel auf die Theke. Der Projektbericht. Sie hatte ihn tatsächlich noch in das inzwischen zerfledderte, mit Skizzen gefüllte Notizbuch geschrieben. Und nun wollte sie ihn endlich loswerden.

»Jemand Neues?«, fragte sie Lena und wies auf den herrenlosen Koffer.

»Nein. Ich komme mit«, hörte sie Paolos Stimme von hinten, bevor Lena antworten konnte.

»Was, du? Warum?«, fragte Hannah. Paolo und die Insel gehörten für sie untrennbar zusammen.

»Ich war lange genug hier«, sagte er. »Es stehen zwei Ausstellungen an, und meine Nachfolge ist außerdem schon gesichert!« Paolo zwinkerte Lena zu.

»Die anderen bleiben aber alle, oder?«

»Ja, keine Sorge. So schnell wird das hier keine einsame Insel werden.« Paolo lachte, griff mit einer Hand nach seinem Koffer und hielt mit der anderen Hannah die Schwingtür auf. Sie erinnerte sich noch deutlich daran, wie widerwillig sie das erste Mal durch diese Tür gegangen war. Wie sie alles auf dieser Insel abgeschreckt und verunsichert hatte. Du solltest nicht hier sein, hatte sie gedacht. Dabei war sie an diesem Ort genau richtig gewesen, das war ihr jetzt klar. Genauso klar wie die Tatsache, dass es nun Zeit war weiterzuziehen. Dass es immer wieder Zeiten geben würde weiterzuziehen. Dass sie nie komplett ankommen würde. Auch nicht in Berlin. Ankommen, überlegte sie, was soll das auch heißen? Wer hofft, noch anzukommen, glaubt, noch nicht genug da zu sein. Ich bin da oder ich bin nicht da. Ich tue etwas oder ich lasse es, dachte Hannah und blinzelte in die Sonne. Sie würde die Insel vermissen. Das Meer, die Felsen, die raschelnden Palmen und riesigen, duftenden Blüten. Ihren gemütlichen Bungalow und natürlich die *Gioia*. Auch ein paar CHL-Kekse hatte sie noch eingesteckt. Und vor allem würden ihr all die lieben Menschen fehlen, die sie hier kennengelernt hat. Hannah hatte sich schon gestern persönlich von den meisten verabschiedet. Trotzdem standen sie nun alle versammelt an der Anlegestelle und winkten ihr und Paolo nach, bis die Insel außer Sichtweite war.

* * *

Heidrun Bergé-Patt öffnete die schwarze Box, die sie heimlich aus der Rezeption geholt hatte, fischte Hannahs Projektbericht heraus und las ihn sorgfältig durch. Die *Gioia* würde immer eines ihrer Lieblingsprojekte bleiben. Natürlich hatte Hannah Kahl den Projektbericht abgegeben. Sie hätte ihn nicht nicht abgeben können, dachte Frau Bergé-Patt und musste lächeln. Sie konnte das gut nachvollziehen. Wohingegen sie bei Paolo schon nach einer Woche wusste, dass sie die Box nie wiedersehen würde und er sie wahrscheinlich zu einem Kunstwerk verarbeitet hatte. Paolo würde ihr sehr fehlen. Er war fast wie ein Sohn für sie gewesen. Trotzdem war sie froh, dass er nun endlich bereit war aufzubrechen und der Welt seine Bilder zu zeigen. Sie würde auf jeden Fall beiden ein exzellentes Arbeitszeugnis von CHL ausstellen lassen, und sie würden nie wissen, dass es von ihr kam. Was sie dann damit taten, war ihre Sache. Sie musste nur Sabine in der Berliner Niederlassung Bescheid geben. Sabine, die auch nach zehn Jahren noch ein schlechtes Gewissen hatte, weil sie jetzt ausgerechnet Herrn Bernhard unterstand, während ihre ehemalige Vorgesetzte ins Exil geschickt wurde. *Exil* nannten sie es hinter vorgehaltener Hand, als wäre es eine Strafe. Dabei war die Insel das Beste, was Frau Bergé-Patt nach dieser miesen Aktion passieren konnte. Sie hätte immer noch genug Informationen, um Einfluss zu nehmen, aber inzwischen jegliches Interesse daran verloren. Sie wollte keine Rache mehr. Und sie wollte schon gar nicht zurück auf ihren alten Posten. Es reichte ihr zu wissen, dass sie genug Macht hatte, diese außergewöhnliche Insel und ihre Bewohner zu schützen und ihre ehemaligen Kollegen ab und zu daran zu erinnern, dass sie noch da war. Sie tippte also die E-Mail mit Hannahs und Paolos Beurteilungen an Sabine, setzte Herrn Bernhard in cc – einfach, weil sie es konnte – und klickte auf Senden. Dann öffnete sie ihren Kleiderschrank, stellte Hannahs Projektbericht neben die anderen in ihr geheimes Archiv und holte für den nächsten Ankömmling ein leeres Notizbuch aus ihrem Vorrat. Anfang nächsten Monat würden drei Neue kommen. Neue, die etwas ganz anderes finden werden, als sie jetzt noch erwarten. Neue, die viel über sich selbst lernen werden, wenn sie sich darauf einlassen, wie sie und inzwischen so viele andere es getan hatten. Frau Bergé-Patt schlug ihr eigenes kleines Notizbuch auf. Strich zwei Namen heraus und zwei Zahlen, die keine Bedeutung mehr hatten, da die Menschen nun für sie Bedeutung hatten. Auch Michaels Name stand noch darin. Ein paar Seiten weiter vorne. Vielleicht hatte Paolo recht. Diese Wetten waren wirklich unangebracht, dachte sie und riss die Seiten heraus. Als sie den neuen, noch leeren Projektbericht in die Box legen wollte, bemerkte sie, dass auf dem Boden der Schachtel ein weißes DIN-A4-Blatt lag, das sie übersehen hatte. Ein Brief. Von Hannah. »Liebe Frau Bergé-Patt, …« begann er. Ihr blieb fast das Herz stehen.

***

Seit Hannah zurück in Berlin ist, hat sie die Papageien nie wieder gehört oder gesehen. Das Einzige, was sie noch an Coco und Lora erinnert, ist Giovannas Armband und das von Paolo gezeichnete Porträt, das sie in ihrem Schlafzimmer aufgehängt hat. Nächste Woche wird sie nach London fliegen, zu Paolos Ausstellung, und ihn dort überraschen. Inzwischen hat sie ihre Wohnung eingerichtet, bei CHL gekündigt und ein paar Bewerbungen rausgeschickt. Auf Rückmeldungen zu warten war früher für sie unerträglich gewesen. Jetzt ist es das nicht mehr. Auf der Insel hat sie gelernt, nichts zu tun. Nichts zu tun und es zu genießen. Vielleicht sollte ich das in meine nächste Bewerbung schreiben, überlegt sie, souveräner Umgang mit übermäßiger Muße. Das konnte nicht jeder von sich behaupten. Ihre Schwester zum Beispiel. »Und was willst du jetzt machen?«, hatte diese sie gefragt, gleich nachdem sie zurück war. Hannah weiß es nicht. Es gibt viel zu tun und einiges, auf das sie sich freut. Das ist ihr gerade genug. Obwohl sie bestimmt seit zehn Jahren nicht mehr Fahrrad gefahren ist, hat sie sich nun eins gekauft. Vielleicht wird sie auf ihren Streifzügen durch die Stadt ein neues Projekt finden. Mehr hatte sie ihrer Schwester nicht erzählen können.

Trotzdem fühlt sich Hannah zum ersten Mal in ihrem Leben so, als habe sie wirklich etwas erreicht. Vielleicht, weil sie sich auch jetzt noch die Zeit nimmt, stehen zu bleiben und zurückzublicken, anstatt die Messlatte gleich noch ein Stück höher zu legen. Oft denkt sie an ihren ersten Tag auf der Insel. Wie viele Sorgen sie gequält hatten. Wie viel Angst sie gehabt hatte, etwas falsch zu machen. Dabei hatte niemand so viel von ihr erwartet wie sie selbst.

Für heute Abend hat Hannah die Nachbarn, die

unter ihr wohnen, zum Essen eingeladen. Sie scheinen ganz nett zu sein. Dass sie nicht besonders gut kochen kann, ist ihr egal. Sie sucht sich einfach ein Rezept heraus, schlüpft in ihre Ballerinas, steigt auf ihr neues Fahrrad und macht sich auf den Weg zum Einkaufen. Als sie gerade in die Straße vor dem Supermarkt einbiegt, stolpert ein lachendes Pärchen vor sie. Hannah kann gerade noch bremsen, bevor sie ihr Gleichgewicht verliert, wie in Zeitlupe zur Seite kippt und sich mit ihrer Hand an einem dreckigen Schaufenster abfängt, an dessen Innenseite ein Zettel mit einer Telefonnummer klebt.

»Oh, nein! Tut mir so leid!«, ruft die Frau, die das Fahrrad am Lenker abgefangen hat. »Nichts passiert!«, sagt Hannah, den Schrecken immer noch in den Gliedern. Ihr Blick löst sich von dem Zettel und wandert zum Tattoo auf dem Arm der jungen Frau. Unter dem Ärmel ihres T-Shirts blitzt ein großer bunter Papagei hervor.

Sollte diese Publikation Links auf Webseiten Dritter enthalten, so übernehmen wir für deren Inhalte keine Haftung, da wir uns diese nicht zu eigen machen, sondern lediglich auf deren Stand zum Zeitpunkt der Erstveröffentlichung verweisen.

MIX
Papier aus verantwortungsvollen Quellen
FSC® C014889

Verlagsgruppe Random House FSC® N001967

Neumarkter Str. 28, 81673 München
Umschlag: Weiss Werkstatt, München
Umschlagmotiv: Weiss Werkstatt, München
Satz: Uhl + Massopust, Aalen
Druck und Bindung: Friedrich Pustet, Regensburg
Printed in Germany
ISBN 978-3-424-35096-8
www.diederichs-verlag.de

Dieses Buch ist auch als E-Book erhältlich.